Heilige Alltäglichkeit

Essen und feiern in der Kirche

T V Z

Theologisch-ekklesiologische Beiträge Aargau

Schriftenreihe der
Reformierten Landeskirche Aargau

Band 2

Heilige Alltäglichkeit

Essen und feiern in der Kirche
Eine Handreichung für die Gemeindepraxis

Herausgegeben von Thomas Bornhauser

TVZ
Theologischer Verlag Zürich

Die Deutsche Bibliothek – Bibliografische Einheitsaufnahme

Die Deutsche Bibliothek verzeichnet diese Publikation in der Deutschen National-
bibliografie; detaillierte bibliografische Daten sind im Internet über http://dnb.ddb.de
abrufbar.

Umschlaggestaltung

www.gapa.ch – gataric, ackermann und partner, Zürich

Druck

ROSCH-BUCH GmbH, Scheßlitz

ISBN-10: 3-290-17402-6

ISBN-13: 978-3-290-17402-6

© 2006 Theologischer Verlag Zürich
www.tvz-verlag.ch

Alle Rechte, auch die des auszugsweisen Nachdrucks, der fotografischen und audio-
visuellen Wiedergabe, der elektronischen Erfassung sowie der Übersetzung, bleiben
vorbehalten.

Inhaltsverzeichnis

II   Praktischer Teil

Vorwort

Kirchliche Feiern, die mit einem Sättigungsmahl verbunden sind, erfreuen sich zunehmender Beliebtheit. Solche Mahlzeiten machen eine ‚heilige Alltäglichkeit' erlebbar: die Heiligkeit des alltäglichen Essens, die Alltagsrelevanz des Kirchlichen.
Diese Handreichung will Mut machen zu solchen Feiern. Im ersten Teil wird die Verbindung von Essen und liturgischem Feiern aus anthropologischer, historischer, theologischer und juristischer Sicht beleuchtet. Der zweite Teil bringt Beispiele und Anregungen, die zur Nachahmung bzw. Weiterentwicklung animieren, und die zeigen, dass die Grenzen zwischen Gottesdienst, Gemeindefeier, Abendmahl und Sättigungsmahl verschwimmen; das Liturgische und das Kulinarische greifen ineinander. Dieses Ineinandergreifen zeugt von einer Bewegung im kirchlichen Leben, aus der heraus sich zukunftsträchtige Formen des Feierns entwickeln.

Es ist kein Zufall, dass auch dieser zweite Band der Theologisch-ekklesiologischen Beiträge Aargau ein liturgisches Thema behandelt, nachdem der erste Band der „Reformierten Abendmahlspraxis" gewidmet war (herausgegeben von Patrik Müller und David Plüss, Zürich 2005). Das gottesdienstliche Leben ist im Umbruch, Flexibilität und Innovation sind gefragt.
Zielpublikum der vorliegenden Handreichung sind Menschen, die an der Vorbereitung und Durchführung von Gottesdiensten oder Gemeindefeiern beteiligt sind bzw. sich für das kirchlich-liturgische Leben interessieren.

Auslöser der Publikation war das „Feiermahl" im Tagungshaus Rügel in Seengen anlässlich des Bullinger-Jubiläums 2004. Das gab Gelegenheit, etwas grundsätzlicher über Sinn, Zweck und Praxis des Essens im kirchlichen Kontext (über das Abendmahl hinaus) nachzudenken. Drei Autoren und eine Autorin haben theoretische Beiträge zu diesem Band beigesteuert, sieben Autoren und eine Autorin berichten über die Praxis kirchlicher Mahlzeiten in ihren Gemeinden. Ihnen und auch Jean-Pierre Vuilleumier, Pfarrer in Spreitenbach-Killwangen, der die Fotos beigesteuert hat, sei an dieser Stelle herzlich gedankt.
Ebenfalls zu danken ist dem Kirchenrat der Reformierten Landeskirche Aargau, der die Schriftenreihe initiierte und auch diesen Band ermöglicht hat.

Seengen, im Juni 2006
Thomas Bornhauser

Einleitung: Essen und feiern haben Zukunft

Thomas Bornhauser

Essen verbindet, auch über religiöse Gräben hinweg: Wer an einen allmächtigen Schöpfer glaubt, isst mit Dankbarkeit für dessen Gaben; wer Gottes Ohnmacht kennt, sitzt am gleichen Tisch und denkt an die ökologische und soziale Verantwortung des konsumierenden Menschen; und wer alles Seiende vom göttlichen Lebensgeist durchdrungen sieht, kann in der gleichen Gesellschaft seine mystische Vereinigung mit den Speisen vollziehen.

Gemeinschaft möglich zu machen, ist eine wichtige Aufgabe der Kirchen. Odo Marquard meint, dass „der Mensch ohne das Fest nicht auskommen kann. Entweder feiert der Mensch Feste, oder er sucht sich schlimmere Ersatzformen des Festes: bis hin zum Krieg."[1] Es ist wichtig, dass beim Fest alle dabei sein können. Darum ist es „für Aussenstehende zum Mitfeiern zu öffnen"[2] und gerade nicht mit zu vielen glaubens- und religionsspezifischen Elementen zu belasten (das hat an anderer Stelle Platz). „Von uns Christen kann jetzt schon der Impuls ausgehen, an allen Festen Gastfreundschaft gegenüber Andersgläubigen zu praktizieren."[3]

Der Verlust der Monopolstellung religiöser Grossorganisationen hat zu einer „Deregulierung des religiösen Feldes"[4], geführt. Die Menschen nehmen sich mehr Freiheiten, sich ihre religiösen Anschauungen selber auszusuchen oder sogar zu erfinden. Angesichts der sich daraus ergebenden Pluralisierung der individuellen Perspektiven sind kirchliche Anlässe mit spezifischer Theologie oder Spiritualität zu Nischen- bzw. Zielgruppenveranstaltungen geworden. Das ist unausweichlich und auch nicht zu beklagen, sofern die verschiedenen Angebote insgesamt die Bedürfnisse der Kirchenglieder abzudecken in der Lage sind. Daneben braucht es verbindende Feiern, deren Elemente unverfänglich und für viele akzeptabel sind, so dass die Geselligkeit, das gemeinsame Feiern im Mittelpunkt stehen kann.

Die Beliebtheit kirchlicher Feiern, die mit einer Mahlzeit verbunden sind, ist erfreulich in einer Zeit, in der andere kirchliche Angebote (insbesondere Gottesdienste) eher schlecht besucht sind. Jüngst brach auch der Streit um das Abendmahl zwischen den Konfessionen wieder neu auf. Für viele Kirchenglieder sind die dabei angeführten Argumente nicht nachvollziehbar.

---

[1] O. Marquard, 691.
[2] K.-P. Jörns, 376.
[3] K.-P. Jörns, 377.
[4] R. Campiche, 29.

In dieser Situation macht es Sinn, neben dem Abendmahl kirchlichen Feiern mit integriertem Sättigungsmahl mehr Raum zu geben. Vieles, was Eucharistie und Abendmahl an Sinngehalt transportieren, tragen auch andere liturgische Mahlzeiten in sich, oft noch sinnenfälliger und besser nachvollziehbar: Gemeinschaft, Dankbarkeit, Erinnerung an früher, Hoffnung für morgen und vieles mehr. Zudem sind Sättigungsmahlzeiten theologisch nicht belastet und darum ökumenisch unbedenklich.

Diese Handreichung begründet im ersten, theoretischen Teil die Verbindung von Essen und liturgischem Feiern. Der zweite, praktische Teil enthält Beispiele, die zur Nachahmung und Weiterentwicklung anregen sollen.

Der theoretische Teil beginnt mit einem Beitrag von *Adrian Portmann*. Auf einer ganz grundsätzlichen Ebene legt er dar, was Essen und Feiern für den Menschen bedeuten. Er kommt dabei zum Schluss, dass eine Verbindung von Essen und Feiern nicht nur naheliegt, sondern dass sie geradezu darauf angelegt sind, miteinander verbunden zu werden.

In seinen historischen Betrachtungen zeigt *Alfred Ehrensperger*, dass alltägliches Essen und religiöses Feiern ursprünglich nicht voneinander getrennt waren. Erst im Verlauf der Kirchengeschichte wurde das liturgische immer stärker vom profanen Essen getrennt. Beiden hat das nicht gut getan. Gründliche Änderungen in der Abendmahlspraxis einerseits, eine Neubesinnung auf die altkirchlichen Agape-Sättigungsfeiern andererseits könnten hoffnungsvolle Bewegung in die verfahrene Situation bringen.

Die Juristin *Tanja Sczuka* untersucht am Beispiel der Kirchenordnung der Reformierten Landeskirche Aargau, wie das Verhältnis zwischen einer liturgischen Mahlzeit und einem herkömmlichen Gottesdienst bzw. Abendmahl zu bestimmen sei. Die Aufgabe ist schwierig, zumal die Kirchenordnung Sache und Begriff einer 'liturgischen Mahlzeit' gar nicht kennt. Die Autorin kommt zum Schluss, dass mit der Kirchenordnung recht klare Grenzen um Gottesdienst und Abendmahl gezogen wurden. Eine Weiterentwicklung von Gottesdienst und Abendmahl scheint nicht in der Absicht jener gelegen zu haben, die die entsprechenden Artikel formulierten.

David Plüss sieht im Feiermahl, einer liturgischen Sättigungsmahlzeit, einen möglichen Ausweg aus der „Peinlichkeit" gegenwärtiger Abendmahlspraxis. Im gelungenen Feiermahl verschränken sich Geist und Körper, Heiliges und Profanes, eine 'heilige Alltäglichkeit' stellt sich ein. Das Gelingen ist allerdings abhängig von der Stimmigkeit etlicher Gestaltungsdimensionen (von denen Plüss vier näher betrachtet) und bleibt am Schluss doch immer ein Geschenk.

Der zweite Teil der Handreichung ist Beispielen von Mahlzeiten in der kirchlichen Praxis gewidmet. Bei der Auswahl wurde darauf geachtet, dass möglichst unterschiedliche Formen zur Darstellung kommen. Die Beispiele sind direkt aus dem Gemeindeleben gegriffen, sie wollen und können nicht durchwegs originell und neu sein, sie wollen auch nicht Vorbild, sondern Inspirationsquelle sein. Darum gibt es neben einer Beschreibung der Anlässe auch Tipps und Hinweise, um ähnliche Veranstaltungen zu planen.

Am Anfang des zweiten Teils steht eine ausführlichere Schilderung des „Feiermahls" im Tagungshaus Rügel. Es folgen Berichte von einer „Gemeinde-Teilete" in Reinach-Leimbach, von kulinarisch anspruchsvollen Bibel-Diners in Glarus, von Erfahrungen eines pensionierten Pfarrers in Seengen, vom „11vor11"-Gottesdienst in Oberentfelden, von Brunch-Gottesdiensten in Schwarzenburg, von drei ganz unterschiedlichen Formen der Verbindung von Essen und liturgischer Feier in Zürich und schliesslich von ganz einfachen Pausenverpflegungen im Unterricht in Zurzach.

Abgeschlossen wird die Handreichung durch Hinweise auf weiterführende Literatur.

Die in dieser Publikation zur Sprache gebrachten Beispiele zeigen, dass vieles im Fluss ist. Die Grenzen zwischen Gottesdienst, Gemeindefeier, Abendmahl und Sättigungsmahl verschwimmen. Besteht am einen Ort noch eine Kluft zwischen Essen und Gottesdienst, ist es am andern Ort wie selbstverständlich ins liturgische Geschehen hineingenommen. Wird hier auf das Abendmahl als hochstilisiertes Ritual Wert gelegt, kann es dort ganz ungezwungen und fast unmerklich ins gesellige Zusammensein übergehen.

Man mag diese Vielfalt und Uneindeutigkeit bedauern. Gleichzeitig sind sie aber hoffnungsvolle Zeichen für die Bewegung im kirchlichen Leben. Aus dieser Bewegung heraus werden sich vielleicht wieder klarere, eindeutigere, aber auch der neuen Zeit entsprechendere Formen des Feierns entwickeln.

LITERATUR

Campiche, Roland (Hrsg.): Die zwei Gesichter der Religion. Faszination und Entzauberung. Zürich 2004.

Jörns, Klaus-Peter: Notwendige Abschiede. Auf dem Weg zu einem glaubwürdigen Christentum. Gütersloh 2004.

Marquard, Odo: Moratorium des Alltags – Eine kleine Philosophie des Festes, in: W. Haug / R. Warning (Hrsg.): Das Fest. München 1989, 684–691.

I Theoretischer Teil

1. Essbare Zeichen – Anthropologische Überlegungen zur Verbindung von essen und feiern

Adrian Portmann

Zwei Tätigkeiten, das Essen und das Feiern, sollen hier in anthropologischer Perspektive auf ihre Verbindung hin untersucht werden. Dass es diese Verbindung gibt, ist offensichtlich. Es wäre daher überflüssig, sie begründen oder fordern zu wollen. Vielmehr sollen im Folgenden einige Gründe dafür nachgezeichnet werden, weshalb sich diese Verbindung immer wieder einstellt.

1.1. ESSEN: OFFEN FÜR SYMBOLISIERUNGEN

Aus anthropologischer Perspektive lässt sich über das Essen vieles sagen. Zunächst einmal, dass es mit elementaren Erfahrungen verbunden ist, von denen viele unabweisbare leibliche Komponenten aufweisen: Essen müssen wir alle, es ist eine Lebensnotwendigkeit, eine Grundbedingung des Lebens. Essen wir nicht, macht sich Hunger bemerkbar, wir werden geschwächt – und wenn wir den Hunger stillen, erfahren wir ein Gefühl der Sättigung, der Stärkung. Beim Essen machen wir Geschmackserfahrungen, und je nachdem, was wir essen, empfinden wir Genuss oder Ekel – und wir werden, wie deutlich oder verschwommen auch immer, mit Erinnerungen konfrontiert: Geschmackserinnerungen sind stark und unabweisbar und verbinden das aktuelle Essen mit früheren Situationen, in denen uns derselbe Geschmack begegnet ist. Zudem umfasst das Essen notwendigerweise den Akt der Einverleibung einer fremden Substanz, einen Akt, den einschlägige Erfahrungen als riskant ausweisen, da Speisen schädliche oder bewusstseinsverändernde Wirkungen haben können. Ist eine Substanz aber einmal diesen Weg gegangen, so wird sie zu einem Teil unseres Körpers, zu einem Teil von uns selbst. Dazu kommt eine Spur, die in die ersten Lebensjahre zurückführt, zu den mit dem Gestillt-Werden sich einstellenden Erfahrungen von Zuwendung, Liebe und Geborgenheit, aber auch von Ablehnung und Verlassen-Werden.

Als entfernte Erinnerung zumindest dürfte auch die Erfahrung noch vorhanden sein, dass sich das Gelingen der Nahrungsbeschaffung zumindest zum Teil unserer Kontrolle entzieht. Das Gleiche gilt heute auch für die Erfahrung, dass unsere Ernährung die Vernichtung von pflanzlichem oder tierischem Leben notwendig macht – eine Gewalttätigkeit, die sich beim Essen selbst fortsetzt: mit Zähnen, mit Messern und Gabeln.

Weiter: Wir kochen gemeinsam oder allein, für uns oder für andere, wir essen mit den einen, aber nicht mit den anderen, wir teilen oder behalten das beste Stück für uns – Essen ist ein sozialer Grundakt und ein Ort der Erfahrung und Einübung sozialer Beziehungen.[1] Ein Letztes: Beim Kochen wird aus verschiedenen Nahrungsmitteln ausgewählt, es wird kombiniert und getrennt, es wird so oder anders zubereitet, und in all dem werden die zunächst rohen Speisen in etwas Neues transformiert. Das Essen ist daher auch eine Grundform kultureller Tätigkeit, ein Modell für die Welt- und Lebensgestaltung.

Dass das Essen elementare, mit dem Leben verbundene und allen zugängliche Erfahrungen umfasst, ist der Grund dafür, dass es für Symbolisierungen besonders geeignet ist und auch dafür, mit Bedeutungen versehen und zum Zeichen gemacht zu werden.[2] Und tatsächlich dient das Essen in allen Kulturen und Religionen in hervorragender Weise als Zeichen. Dies wird häufig im Sinn einer Semiotisierung (Zeichenwerdung) von elementaren biologischen oder sozialen Erfahrungen konzeptualisiert: Hildegard Cancik-Lindemaier etwa sieht in religiösen Mahlriten „kulturspezifische Gestaltungen einer Vitalfunktion"[3], wobei Erfahrungen der Befriedigung eines elementaren Bedürfnisses einen Fundus für Übertragungen bilden.

Welche Bedeutungen dem Essen im Einzelnen zugeschrieben werden, das ist variabel und kulturell geprägt. So gelten je nach Kontext bestimmte Nahrungsmittel als natürlich oder „männlich", als rein oder luxuriös – oder im Gegenteil als künstlich oder „weiblich", als unrein oder ärmlich. Dasselbe gilt auch für die mit der Ernährung verbundenen Handlungen: Kochen kann Bedeutungen wie Dienen oder Kunst annehmen, mit dem gemeinsamen Essen können Versöhnung oder Intimität konnotiert werden, Essen in grossen

---

[1] So z. B. M. Douglas, 249: „If food is treated as a code, the message it encodes will be found in the pattern of social relations being expressed. The message is about different degrees of hierarchy, inclusion and exclusion, boundaries and transactions across the boundaries."

[2] Zugleich aber – der Mensch ist ein Kultur- und Zeichentier, auch das gehört zur Anthropologie – ist das Essen immer schon solchen Bedeutungen und Zuschreibungen unterworfen. Das bedeutet, dass es die beschriebenen elementaren Erfahrungen nicht losgelöst von der Kultur gibt, quasi roh und allenfalls noch nachträglich gedeutet – sie sind immer kulturell geprägt. Was also z. B. Ekel und was Genuss erregt, entscheidet sich (auch) aufgrund von kulturellen Festlegungen.

[3] H. Cancik-Lindemaier, 353 f.

Mengen kann als Sünde oder als Beweis der Kraft erscheinen und der Verzicht darauf als Hingabe an Christus oder als Ausdruck der Selbstkontrolle. Speisen und damit verbundene Handlungen werden durch solche kulturellen Konventionen zu einer Sprache, und auf dieser Basis werden sie dann auch mehr oder weniger bewusst als Praktiken angewendet oder zu Kommunikationszwecken eingesetzt: Essend streben wir nach Harmonie mit der Natur oder nach Vereinigung mit Gott, essend demonstrieren wir Wohlstand oder Kennerschaft. Aufgrund der beschriebenen elementaren Erfahrungen kann das Essen auch zur Metapher werden.[4] Die Erfahrung des Hungers bietet sich dafür an, um das Verlangen nach anderen Dingen auszudrücken (Liebes- oder Machthunger, Wissensdurst) oder einen grösseren Hunger, eine grosse Sehnsucht zu bezeichnen (den Hunger und Durst nach Gerechtigkeit etwa oder die Sehnsucht nach Gott, nach dem sich die Seele sehnt wie der Hirsch nach frischem Wasser). Wer essend Sättigung und Stärkung erlebt hat, kann dies zum Bild für Erfüllung und erfülltes Leben machen. Der kulinarische Genuss kann zum Bild für den Himmel werden. Und auch andersherum: Schädigende und gefährliche Nahrung können genau wie der andauernde Hunger den Hintergrund abgeben für die Vorstellungen der Hölle. Und die Einverleibung, bei der etwas zu einem Teil von uns selbst wird, bietet sich an, um die Aneignung von anderen Dingen darzustellen (etwa der Akt, mit dem sich der Prophet Ezechiel den göttlichen Auftrag zu eigen macht: Er isst die Schriftrolle).

1.2. FEIERN: ANGEWIESEN AUF SINNLICHKEIT UND AUF ZEICHEN

Was *essende* Menschen tun, lässt sich ziemlich einfach angeben – es gibt einen von aussen beobachtbaren und eindeutig zu bestimmenden Grundvollzug, der dann allerdings durch Bedeutungszuschreibungen ausgesprochen komplex wird. Bei den *feiernden* Menschen hingegen sieht es anders aus: Hier gibt es eine grosse Vielfalt von komplexen Inszenierungen, die als Fest oder Feier bezeichnet werden, und innerhalb dieser Inszenierungen lassen sich sehr unterschiedliche Tätigkeiten beobachten: Man versammelt sich mit anderen Menschen, singt, tanzt, steht auf, setzt sich wieder, hört zu, deklamiert, schreitet, verkleidet sich .... All diese Tätigkeiten können zu Feiern gehören, aber sie kommen auch in anderen Zusammenhängen vor.

Beim Feiern kann daher nicht bei einer bestimmten Tätigkeit eingesetzt werden, der Ausgangspunkt muss vielmehr beim Verständnis des Begriffs Feiern einsetzen. Da es in diesem Aufsatz nicht um das Fest im Allgemeinen geht, konzentriere ich mich auf im weitesten Sinn religiöses Feiern, ohne dieses allerdings auf das getragene, zeremonielle (eben: feierliche) Moment zu

---

4   Zum Essen als Metapher vgl. G. J. Baudy und F. Rigotti.

beschränken. Ich gehe vom folgenden Verständnis des Feierns aus: Wer feiert, nimmt gemeinsam mit anderen Menschen an einer komplexen und meistens rituellen oder ritualisierten Inszenierung teil, in der die Alltagswelt und ihre Routinen hin zum Erlebnis einer anderen Wirklichkeit überschritten werden. Das kann in ekstatischer oder in mystischer Weise geschehen, ausgelassen oder andächtig, spontan oder nach strengem Muster – oft finden sich diese verschiedenen Stile auch nebeneinander. Insbesondere beim religiösen Feiern sind bestimmte Inhalte, Traditionsbestände oder Überzeugungen präsent; diese werden aber nicht einfach mitgeteilt oder gelehrt, sondern dargestellt, in zeichenhaften Handlungen vergegenwärtigt, erzählt, gespielt – und dadurch bestätigt oder transformiert. Die Feiernden ihrerseits können in Auseinandersetzung mit diesen Traditionen sinnstiftende oder Wirklichkeit erschliessende Erfahrungen machen, sie können sich neu orientieren oder auch eine Affirmation des Bestehenden erleben. Was sich in anthropologischer Hinsicht über die Feier sagen lässt, ist dies: Menschen sind fähig zu feiern; sie sind darauf angewiesen, Zeichen und Bedeutungen zu schaffen sowie Sinn zu suchen und herzustellen, und sie möchten das, was sie als sinnstiftend erfahren haben, selber wieder ausdrücken. All dies gelingt ihnen beim Feiern.

1.3. DIE VERBINDUNG VON FEIERN UND ESSEN

Was bedeutet das nun für die Verbindung von Essen und Feiern? Wichtig ist für unsere Fragestellung vor allem dies: Beim Feiern werden konkrete Handlungen vollzogen, die eine leibliche und sinnliche Dimension und zugleich Zeichencharakter haben. Darauf ist das Feiern angewiesen, ohne dies geht es nicht. Die Überlegungen im ersten Teil haben nun gezeigt, dass es im Bereich des Essens eine Vielfalt von solchen anschaulichen, sinnlichen, essbaren Elementen gibt, die in hohem Mass dafür geeignet sind, mit Bedeutungen versehen und als Zeichen verwendet zu werden. Eine Verbindung von Essen und Feiern liegt daher nahe – und deshalb überrascht es auch nicht, dass das Essen in ganz verschiedenen Feiern in allen Kulturen eine zentrale Rolle spielt.

Essen ist eine Grundbedingung des Lebens, Speisen sind lebensnotwendig. Von daher liegt es nahe, das Essen als Metapher für wahre, geistliche Nahrung zu verwenden und bestimmte Speisen – meist Grundnahrungsmittel wie das Brot – zum Zeichen für die Quelle des Lebens schlechthin zu machen: Ich bin das Brot des Lebens, sagt der johanneische Jesus, und Augustin spricht von Gott als dem Brot seiner Seele. Dies alles dient nun aber nicht nur dem bildhaften Reden und Schreiben über Gott. Das solchermassen aufgeladene Nahrungsmittel bietet auch die Chance, den Vorgang der geistlichen

14

Stärkung, das Schöpfen aus der Quelle des Lebens in einem konkreten Essakt zu veranschaulichen und sinnlich erfahrbar zu machen. Und mehr noch: Das Essen des Brotes können die Beteiligten als einen Akt verstehen, in dem das wahre Leben vermittelt wird, in dem die Einverleibung des Brotes als Medizin der Unsterblichkeit ebendiese Unsterblichkeit verleiht. Der Rahmen, in dem dies geschieht, ist eine religiöse Feier, und diese gewinnt ihre Kraft gerade durch das tatsächliche Verzehren einer Speise.

Essen kann Lust erzeugen, es kann ein Genuss sein. Dieser Aspekt des Essens wurde immer wieder aufgegriffen, um das Paradies, den Himmel oder das Elysion zu beschreiben, jene Orte, von denen man glaubte, dass dort das Leben in Fülle und in der Präsenz Gottes auf einen warte. Der Prophet Joel beschreibt dies mit den Worten: „Da triefen die Berge von Wein, und die Hügel fliessen von Milch, und alle Talrinnen Judas strömen von Wasser." (3,18) Und Vergil zeichnet das Elysion als ein Land, das vom Gold reifer Ähren strahlt, in dem die Weinberge von reifen und saftigen Trauben strotzen und der Honig aus den Eichen tröpfelt. Auch Jesus benutzt das Gastmahl als Bild für das Reich des Himmels und er spricht vom künftigen Weintrinken beim eschatologischen Festmahl. Das ist zunächst auch in der Kirche nicht anders; etwa von Augustin an werden dann aber die Genüsse des Himmels vergeistigt, im Vordergrund steht nun die Gottesschau. Trotzdem sind die Bilder des himmlischen Essens nun in der Welt, und daher kann jetzt auch umgekehrt das irdische Essen als Bild für das himmlische Festmahl gedeutet werden. Vor allem aber ist es nun möglich, beim Essen – jedenfalls dort, wo es reichlich ist und gut – einen Vorgeschmack auf den Himmel zu erleben, mit dem sich Worte (und Predigten) allein kaum messen können.

Das Essen hat immer auch eine soziale Dimension. Deshalb kann das gemeinsame Essen zum Zeichen für die Zusammengehörigkeit werden, was gleichzeitig auch einen Ausschluss der Aussenstehenden impliziert. Gerade dort, wo die Betonung der Gemeinschaft von Bedeutung ist, wo vielleicht sogar eine neue Form der Zusammengehörigkeit jenseits von Familie, Staat, Ethnie etc. gestiftet werden soll (also etwa bei der Gemeinschaft der Gläubigen), gerade dort wird dieses Zeichen genutzt und in eine Praxis des gemeinsamen Essens umgesetzt, zu dem dann auch rituelle Momente kommen können oder die Erzählung einer Story, die die gemeinsame Basis, den gemeinsamen Glauben oder die gemeinsame Hoffnung zum Inhalt hat. Ihre Kraft und Plausibilität gewinnen diese Feiern aber im Akt des gemeinsamen Essens, das jene Inhalte sinnfällig auszudrücken vermag: Die Essenden sitzen an einem Tisch, sie führen die gleichen Bewegungen aus, sie essen und trinken das Gleiche, möglicherweise aus demselben Topf, sie teilen, was sie essen – so wird Gemeinschaft gestiftet und gestärkt. Und weil das Essen in der Lage ist, starke Erinnerungen zu transportieren, kann die Plausibilität der gewonnenen Gemeinschaft auch bei späteren Essen wieder hervorgerufen werden.[5]

Bei solchen Essen geht es aber nicht nur um die Bestätigung der Gemeinschaft. Die Art und Weise, in der gegessen wird, bildet zugleich auch die interne Struktur der jeweiligen Gruppe ab: Sind bestimmte Speisen einigen Auserwählten vorbehalten, steht das Essen für eine hierarchische Struktur; wird hingegen alles geteilt, betont das Essen die Gleichheit. Die Tischgemeinschaft, bei der das Lebensnotwendige geteilt wird, kann so zum Bild einer gerechten, einer egalitären Gegengesellschaft werden. Sobald es sich nicht nur um ein Bild, sondern um ein tatsächliches Essen handelt, wird auch hier die Wirkung verstärkt. Durch das wiederkehrende gemeinsame Essen wird die Egalität anschaulich und denkmöglich, sie wird im Kleinen bereits erfahren und dadurch aus dem gänzlich Utopischen in einen Möglichkeitsraum versetzt. Gerade bei einem festlichen Essen kann dies unterstützt werden durch ein Moment, das laut Turner kennzeichnend für Rituale ist. Als deren Mitte macht er einen Raum aus, der zwischen den Ordnungen des Alltags liegt, ein Zwischenraum, in dem die Welt nicht einfach abgebildet, sondern versuchsweise neu arrangiert wird. Dieser Raum ist geprägt von einer unmittelbaren Beziehung zwischen den Beteiligten, einem Aufblitzen gegenseitigen Verstehens, das unabhängig ist vom gesellschaftlich festgelegten Status. Turner bezeichnet dies als „Communitas" und hält fest, dass diese Erfahrungen auch die Welt ausserhalb transformieren. Genau dies kann beim feiernden Essen geschehen. Dieses Moment findet sich bereits bei den Essen, die vom irdischen Jesus überliefert sind: Sie stehen allen offen, teilnehmen können auch jene, die in der Welt ausgeschlossen und marginalisiert sind, alle sind am Tisch, alle werden satt.[6] Auch in der weiteren Geschichte des Abendmahls haben die Beteiligten immer wieder solche Erfahrungen gemacht und diese z. T. auch explizit politisch verstanden – in jüngster Zeit etwa in der Praxis der Basisgemeinden in Lateinamerika oder auf den Philippinen.

Es gibt viele Möglichkeiten der Verbindung von Essen und Feiern. Dies zeigt, wie gut die beiden zusammen passen, wie gut sie sich ergänzen – fast

---

[5] Dass das Essen Gemeinschaft stiftet, stärkt und erhält, wird als Funktion des Essens in der Literatur immer wieder festgehalten. So ist es für Barlösius unbestritten, dass es neben der Mahlzeit „keine andere soziale Institution gibt, die in ähnlicher Weise Gleichheit, Gemeinschaft, Zugehörigkeit symbolisiert". E. Barlösius, 166.

[6] Vgl. J. D. Crossan, 95–98.

könnte man sagen, dass sie darauf angelegt sind, miteinander verbunden zu werden.

LITERATUR

Barlösius, Eva: Soziologie des Essens. Eine sozial- und kulturwissenschaftliche Einführung in die Ernährungsforschung. Weinheim / München 1999.

Baudy, Gerhard J.: Metaphorik der Erfüllung. Nahrung als Hintergrundsmodell in der griechischen Ethik bis Epikur, in: Archiv für Begriffsgeschichte 25 (1981) 1, 7–68.

Cancik-Lindemaier, Hildegard: Art. Eucharistie, in: Cancik, Hubert et al. (Hrsg.): Handwörterbuch religionswissenschaftlicher Grundbegriffe, Bd. II. Stuttgart u. a. 1990, 347–356.

Crossan, John Dominic: Jesus. Ein revolutionäres Leben. München 1996.

Douglas, Mary: Deciphering a Meal, in: dies., Implicit Meanings. London / Boston 1975, 249–275.

Köpping, Klaus-Peter: Fest, in: Wulf, Christoph (Hrsg.): Vom Menschen. Handbuch Historische Anthropologie. Weinheim / Basel 1997, 1048–1065.

Lipp, Wolfgang: Feste heute. Animation, Partizipation und Happening, in: ders., Drama Kultur. Berlin 1994, 523–547.

Neumann, Gerhard: „Jede Nahrung ist ein Symbol". Umrisse einer Kulturwissenschaft des Essens, in: Wierlacher Alois et al. (Hrsg.): Kulturthema Essen. Berlin 1993, 385–444.

Rath, Claus-Dieter: Nahrung, in: Wulf, Christoph (Hrsg.): Vom Menschen. Handbuch Historische Anthropologie. Weinheim / Basel 1997, 243–256.

Rigotti, Francesca: Philosophie in der Küche. Kleine Kritik der kulinarischen Vernunft. München 2002.

Turner, Victor: Das Liminale und das Liminoide in Spiel, „Fluss" und Ritual, in: ders., Vom Ritual zum Theater. Der Ernst des menschlichen Spiels. Frankfurt (Main) / New York 1989, 28–94.

2. Liturgische Mahlfeiern früher und heute im Horizont des Wandels im Abendmahlsverständnis

Alfred Ehrensperger

2.1. JÜDISCHE MAHLTRADITIONEN UND TISCHGEMEINSCHAFT JESU

2.1.1. Frühjüdische Mahlgemeinschaft

Christliche Eucharistie- und Abendmahlstraditionen können nicht verstanden werden ohne Kenntnis ihres jüdischen Mutterbodens.[1] Die wichtigsten Elemente der neutestamentlichen Abendmahlsüberlieferungen haben alttestamentlich-jüdische Vorbilder: Danksagung, Tischsegen, Brotbrechen und Becherritus. Auch die Vergegenwärtigung von Gottes Heilsgeschehen ist konstitutiv für jedes jüdische Mahl.[2] Ein besonders wichtiges rituelles Element ist die „berachah", der Tischsegen. Von einem sakramentalen Charakter jüdischer Mahl-Feiern kann man nicht sprechen, weil der Begriff einer „sakramentalen Handlung" in dieser Zeit noch fehlt.[3]

2.1.2. Gebete und Handlungen bei frühjüdischen Mahlfeiern

Jedes jüdische Mahl beginnt mit einer „berachah"; diese enthält eine Vergegenwärtigung von Gottes Heilstaten, mündet dann in ein Gebet und schliesst mit dem Gotteslob. Eine ähnliche Grundstruktur prägte während Jahrhunderten auch christliche Mahlfeiern und -gebete.[4] Die „berachah" hat drei Schwerpunkte:

- Erstens verdankt man Gott, dem Schöpfer, die Nahrung.
- Zweitens dankt man für das eigene Dasein als erwähltes Volk, das Gott aus der Knechtschaft befreit hat.
- Drittens preist und verherrlicht man Gottes Namen in zwei Bitten: um die Versammlung der Zerstreuten und um die Errichtung des verheissenen, neuen Jerusalem als ewiger Gottesstadt.[5]

---

[1] H.-B. Meyer, 184 f.
[2] H. Kahlefeld, 47.
[3] Dazu kritisch H.-J. Klauck, 205.
[4] Ch. Grethlein, 304.
[5] L. Bouyer, 514.

18

Das rituelle Brotbrechen und -austeilen ist Dank für die Gabe Gottes und zudem für die Frucht menschlicher Bemühung und bildet mit dem mehrmaligen Herumreichen des Weinkelches, zusammen mit Segen und Gebet, einen eingespielten, häuslichen Ritus[6], der stark anamnetisch (gedenkend) geprägt ist.

2.1.3. In der Antike verbreitete heilige Mahlfeiern

Heilige Mahlzeiten, vergleichbar dem Sedermahl der Juden vor Pessach, waren mit unterschiedlichen Motivationen und in verschiedenen Formen in der Spätantike verbreitet, z. B. Opfer-, Toten-, Kultmahle der Mysterienvereine oder Festmahle bei Wallfahrten. Sie hatten oft eine gemeinschaftsstiftende Funktion und grenzten gegen aussen ab.[7] In den Mysterienkulten sassen die Gläubigen gleichsam als Gäste am Tisch Gottes und liessen sich von ihm bewirten.[8] Heidenchristen brachten solche rituellen Erfahrungen in die christlichen Mahlfeiern mit.

2.1.4. Einzelne Riten

Zweck des Essens und Trinkens ist es, sich am Leben zu erhalten. So befahl Jesus dem Jairus, er solle seiner auferweckten Tochter zu essen geben (Mk 5,43; Lk 8,55). Elia bekam in der Einsamkeit der Wüste vom Gottesboten den Befehl, zu essen und zu trinken (1Kö 19,5–8). Der auferstandene Jesus verlangte von den versammelten Jüngern, etwas zu essen zu bekommen (Lk 24,41–43). Zum feierlichen jüdischen Ritus des Brotbrechens gehörten drei Vorgänge: Das Brotnehmen, das Brechen des fladenartigen Brotes und das Austeilen; alle drei Funktionen wurden durch das Oberhaupt der Familie ausgeführt, und der Segensspruch begleitete diese Handlungen. Später, besonders in der Apostelgeschichte, konnte der Ausdruck „Brotbrechen" auch die ganze Mahlfeier bezeichnen. Für die hebräische „berachah" braucht das Neue Testament den Ausdruck „eulogein"; er bezeichnet das Segnen einer oder mehrerer Personen, aber auch das Loben Gottes[9] (im Zusammenhang mit dem letzten Jüngermahl z. B. Mk 14,22; Mt 26,26; nachösterlich

---

[6]   K. Berger, 15.19.103.110–112; A. Stock, 36 f.
[7]   E. Stegemann, 133.
[8]   Ähnlich wie z. B. im Serapismahl erscheint auch 1Kor 10,21 Gott als Gastgeber, mit dem man durch das Kommen zu seinem Tisch und untereinander Gemeinschaft hat; G. Delling, 325 f.
[9]   Von Jesus bezeugt Mk 6,41; Lk 9,16; Mk 8,7.

Lk 24,30[10]). Das Gebet nach dem Essen („birkat hammazon") über dem Kelch enthält drei Benediktionen, verbunden mit Dank und Bitte.[11]

2.1.5. Tischgemeinschaft mit dem irdischen Jesus

Die in den Evangelien häufig bezeugte Tischgemeinschaft Jesu im Kreis von Jüngern, aber auch Pharisäern, Zöllnern und Menschen am Rand der damaligen Gesellschaft, gehört zum Grundbestand der Jesusüberlieferung.[12] Solche Tischgemeinschaften waren Vorboten der kommenden Herrschaft Gottes. Darum räumte Jesus die Schranken rabbinischer Reinheitsvorschriften aus und sprengte die damaligen Grenzen zwischen rein und unrein, z. B. bei Heilungen am Sabbat, in der Auseinandersetzung mit Fragen der Schriftgelehrten und in der Zulassung aller, die seine Gegenwart suchten. Diese Mahlgemeinschaften spielten sich mitten im Alltag der Menschen ab und bildeten Freiräume für Ausgestossene, Verachtete und vor allem für Frauen.

2.1.6. Deutungsansätze der biblischen Mahlfeiern

Wichtig sind drei aufeinanderfolgende Formen der Mahlgemeinschaft mit Jesus: die zahlreich bezeugten vorösterlichen Tischgemeinschaften, das letzte Mahl Jesu im Jüngerkreis vor seiner Passion und die Mahlgemeinschaften, in denen der Auferstandene den Jüngerinnen und Jüngern begegnete. Das Geheimnis der Gegenwart des Herrn in all diesen Formen führte von Anfang an zu verschiedenen Fragen und Deutungen, die sich auch in der Vielfalt christologischer Titel und Formeln wiederspiegeln.[13] Nicht die jüdische Tradition der Opfermahlzeiten,[14] sondern die tägliche Tischgemeinschaft, kaum aber das Pessachmahl,[15] ergab erste frühchristliche Deutungsmodelle, z. B. die endzeitliche Ausrichtung auf Grund der Jesusverkündigung vom Kommen der Gottesherrschaft,[16] die Betonung der „koinonia" als Gemeinschaft mit Gott bzw. mit dem Herrn Christus und untereinander,[17] den Bundesgedanken

---

[10] Gelegentlich (z. B. 1Kor 11,24 oder Mt 4,19) wird anstelle von „eulogein" das Verb „eucharistein" synonym gebraucht.

[11] R. Messner, 154.

[12] H. Lichtenberger, 218.

[13] J. Roloff, 96–105.

[14] J. Rehm, 291; P. Wick, 182 und 190–193.

[15] Diese Frage bleibt wegen der verschiedenen Chronologie zwischen den Berichten der Synoptiker und Johannes in der ganzen Darstellung des Passionsgeschehens bis heute kontrovers.

[16] R. Pesch, 59; F. Hahn, 10 f.

[17] J. Roloff, 102 f.

oder die Vorstellung eines Dankopfers für Gottes Heilstat.[18] Keine dieser Deutungen konnte sich nachhaltig durchsetzen und gelegentlich traten sie auch in verschiedenen Kombinationen auf. Wesentlich blieb das Verständnis des Abendmahls als Ort der wiederholten Begegnung mit Jesus und der Bitte um seine Gegenwart.[19] Ferner wurde das frühchristliche Abendmahl verstanden als Ablösung des Opfergeschehens.[20]

2.1.7. Trennung von Mahlfeiern und Eucharistie

Mit zunehmender Christologisierung der Jesusverkündigung[21] und mit dem dringenden Bedürfnis der Jesusbewegung, Antworten auf die Frage nach den Gründen für und der Bedeutung von Jesu Tod am Kreuz zu finden, traten die Deutungen der vorösterlichen Mahlfeiern und der späteren kirchlichen Eucharistie mehr und mehr auseinander. Dafür ein jüngstes Beispiel bei W. Haunerland: „In der Brotvermehrung gewährte Jesus Tausenden Mahlgemeinschaft; aber im Zeichen des Brotbrechens schenkte und offenbarte er sich nur denen, die zu ihm gehörten und an ihn glaubten."[22] Hier stellt sich die Frage, ob sich der oft ebenso zweifelnde Jüngerkreis um Jesus von der Menge der Fünftausend so sehr unterschieden habe. Wer gehört denn überhaupt an den Tisch Jesu? Liegt dies in unserem Ermessen? Jesusleute sind doch zu allen Zeiten diejenigen, die ihn suchen, durch ihn zu Gott beten, sich in seinem Namen versammeln, ohne andere auszuschliessen. Die Abendmahlsgemeinde kommt nicht hinter geschlossenen Türen zusammen!

2.2. DIE SUCHE NACH NEUEN ABENDMAHLSFORMEN IM SPÄTEREN 20. JAHRHUNDERT

2.2.1. Motive und Erwartungen

In der zweiten Hälfte des 20. Jahrhunderts verstärkten sich die Erwartungen in den Gemeinden gegenüber dem Abendmahl. Nicht nur für den lutherischen

---

18 H. Gese, 122.
19 W. Bösen, 73–75.
20 J. Jeremias; J. Roloff, 178–184.
21 Mit dieser etwas pauschalen Wendung meine ich den folgenschweren Vorgang, in dem Jesus vom Träger der Botschaft vom kommenden Reich Gottes zum Inbegriff und Inhalt des christlichen Kerygmas geworden ist. Dieser Prozess zeichnet sich massiv bereits in den Schriften des Neuen Testamentes, insbesondere in der Briefliteratur, ab.
22 W. Haunerland, 156.

Einflussbereich, sondern auch für die reformierten Kirchen der Deutschschweiz gilt die Beobachtung: „Bei allgemein abnehmendem Gottesdienstbesuch steigt die Zahl der Kommunikanten wie auch die der eucharistischen Gottesdienste."[23] In der Reformationszeit sorgten der obrigkeitlich kontrollierte Besuchszwang und die seltene Abendmahlsfeier für eine mehr oder weniger vollständige Teilnahme an einem Abendmahlsgottesdienst. Mit der Lockerung solcher Vorschriften wurde das Mitfeiern vermehrt zum Gewissensentscheid. Endlose Vermahnungen, Belehrungen, die Betonung von Schuld und Busse sowie die immer gleich lautenden Worte der Abendmahlsliturgien führten bis ins 20. Jahrhundert zu einer merklichen Abendmahlsmüdigkeit und Gleichgültigkeit.

Ein wichtiger Impuls für die Vermehrung des Abendmahlangebotes und der zunehmenden Teilnehmerzahlen ist das Bedürfnis nach erfahrbarer Gemeinschaft. Der bibeltextgebundenen, reflektierenden Predigt und der starken Betonung verbaler Elemente in der Liturgie sollten mehr symbolhaft-rituelle, auf ein Erleben ausgerichtete Liturgieformen zur Seite gestellt werden, wozu sich das Abendmahl besonders eignet. Damit verbunden ist ein tieferes Bedenken und Erleben der verschiedenen Dimensionen einer Mahlfeier: Man entdeckt in ihr Gaben und Ausdruck von Gottes Schöpfung; das Ineinander von Wort und Handlung ermöglicht einen Geschehenszusammenhang, der mit typischen Verben umschrieben werden kann: nehmen, danken, teilen, geben, sprechen, essen, trinken. Viele erleben im Abendmahl Tröstung und Vergewisserung ihres angeschlagenen Glaubens.[24]

2.2.2. Zusammenleben mit katholischen Christen

Das Eucharistieverständnis, wie es die Liturgiekonstitution des Zweiten Vatikanums darstellt, führte nicht nur unter kirchlichen Behörden und liturgischen Fachleuten, sondern auch unter den Gemeindegliedern, besonders unter konfessionsverschiedenen Partnerschaften, zu Gesprächen über mögliche Abendmahlsgemeinschaft. Diesbezügliche zu grosse Erwartungen wurden und werden immer wieder enttäuscht, so dass nach den zahlreichen Anläufen für ein Näherrücken und nach oft von Kirchenleitungen erschwerten Experimenten oder sogar Sanktionen sich in jüngster Zeit eher eine etwas bedrückte Stimmung breitmacht.

---

[23] H.-C. Schmidt-Lauber, 81; ähnlich R. Gerhard, 184.

[24] P. Cornehl, 29. Cornehl nennt in diesem Zusammenhang vor allem auch theologische Komponenten, die dem Abendmahl eigen sind: Bekennen des Glaubens, Entscheidung zur Kommunion, Erfahrung von Kirche als Leib Christi und dessen Gegenwart (27–32).

2.2.3. Schwerpunkt Teilen

In den Abendmahlsgebeten neuerer Agenden rücken gegenüber dem traditionellen Verständnis neue Schwerpunkte in den Vordergrund. Ob sie die Abendmahlsfrömmigkeit vertiefen und den Zugang für heutige Menschen erleichtern oder ob damit Defizite und Einseitigkeiten zunehmen, wird die Praxis zeigen. Bereits schon die Frage nach den Kriterien dürfte kontrovers sein.[25] Häufig erscheint das Motiv des Teilens, das in den Einsetzungsberichten des Neuen Testamentes fehlt. Oder doch nicht? In den synoptischen Speisungsgeschichten, z. B. Mk 6,41, geht es doch gerade ums Teilen der vorhandenen Gaben und in frühchristlichen Mahlberichten, z. B. bei Paulus 1Kor 20,20–22, oder in Sättigungsmahlzeiten ebenfalls. Auch in Gesangbuchliedern[26] und in neueren Abendmahlsgebeten[27] hat das Motiv des Teilens angesichts der ungerecht verteilten Lebensgüter in dieser Welt berechtigte Aktualität und steht frühchristlichen Mahlerfahrungen keineswegs entgegen.[28] Frieder Schulz[29] zitiert unter dem Stichwort des Teilens als Weitergebens dessen, was wir im Abendmahl selber empfangen haben, einen eindrücklichen Text von Kurt Marti: „Wir teilen Brot und Wein, um einander daran zu erinnern, dass Jesus alles mit uns geteilt hat. Wir teilen Brot und Wein im Glauben, dass er, der Auferstandene, auch seine Zukunft mit uns teilen wird. Wir teilen Brot und Wein, um einander Mut zu machen, auch materielle und immaterielle Güter miteinander zu teilen. Wir teilen Brot und Wein in der Hoffnung auf das Reich, wo alle werden teilhaben dürfen an der Freundschaft Gottes mit uns Menschen."[30]

2.2.4. Tradition und Innovation

Ausgehend vom 18. Deutschen Evangelischen Kirchentag 1979 in Nürnberg, fand die Abendmahls-Erneuerungsbewegung eine nachhaltige Form im so genannten „Feierabendmahl".[31] Mit den in der Folgezeit vielseitig inszenierten Abendmahlfeiern wird versucht, Traditionelles und Innovatives miteinander zu verbinden. Festes Traditionselement bleiben die Einsetzungsworte. Auch in reformierten Gemeinden der deutschsprachigen Schweiz gibt es zahlreiche, sich immer wieder verändernde offene Formen von Abendmahls-

---

[25] R. Gerhard, 181.
[26] Gesangbuch, Nr. 318: „Seht das Brot, das wir hier teilen".
[27] Liturgiekonferenz, 298. 306; für Agapefeiern das Schriftwort Jes 58,7 f.
[28] Anders F. Schulz, 139.
[29] F. Schulz, 139.
[30] Dieser Text von Kurt Marti ist wiedergegeben bei H. Nitschke, 19.
[31] R. Gerhard, 180 f.; H. Lindner.

feiern, die aber bisher keine einheitliche Tradition zu bilden vermögen. Hier sind es nicht Kirchentage oder andere Grossveranstaltungen, sondern eher Gemeindegruppen oder einzelne Pfarrerpersonen, welche Traditionelles und Innovatives zu verbinden versuchen. Neben einigen Synoden war es vor allem die Zürcher Disputation 84, die mit ihren Thesen zum Gottesdienst Anregungen brachte, welche dann teilweise in die Praxis umgesetzt wurden.[32] Ähnliche Erneuerungsmotive wie beim deutschen Feierabendmahl stehen auch in den reformierten Kirchen der Deutschschweiz im Vordergrund: Aktivere Vorbereitung und Mitgestaltung durch Gemeindegruppen, Entdeckung der Bedeutung von Symbolen und Ritualen,[33] stärkere Betonung der österlichen Freude und des Dankes statt der traditionellen „Karfreitagsstimmung", der Unwürdigkeit und des Sündenbewusstseins, thematisch wechselnde Kontexte in den Feierformen, Verbindung mit einem Sättigungsmahl, vielgestaltige Stilelemente unterstützt von Musik und Bewegung (Tanz, wandelnde Kommunion), Zusammengehörigkeit von Gotteslob und Weltverantwortung.[34]

2.3. AGAPE-MAHLFEIERN

2.3.1. Lösung von der Eucharistie

Agapen (deutsch: Liebesmähler) sind seit dem frühesten Zeugnis im Neuen Testament (Jud 12) Mahlfeiern, die in der Regel getrennt von der Eucharistie als liturgisch geformtes Sättigungsmahl von Gemeinden (Hausgemeinden) oder einzelnen Gruppen gefeiert werden. Sie dienen der Gemeinschaft untereinander wie auch, wenigstens in ihrer Anfangszeit, der Armenfürsorge. In der Frühzeit der Jesusbewegung (1Kor; Jud; Brief des Ignatius an die Smyrnäer) gab es oft noch eine Kombination von Eucharistie und Agape. In dieser Form hat man teilweise die nicht-sakramentalen Mahlgemeinschaften Jesu fortgeführt, wie sie uns in den Evangelien bezeugt werden. Justin (Mitte des 2. Jh.) setzt die Loslösung des Sättigungsmahles von der sakramentalen Eucharistie voraus, wobei dann letztere mit einem einfachen Wortgottesdienst (Lesungen, Gebet) verbunden wird. Hippolyt (Traditio Apostolica 25–29) beschreibt am Anfang des 3. Jh. eine Agape als abendliche Mahlfeier mit einem Lichtritus, Lobpreis Gottes, Segnung eines Kelches mit Wein, Psalmengesang und Austeilung von gesegnetem (nicht konsekriertem) Brot.

---

[32] Evangelisch-reformierte Landeskirche des Kantons Zürich, 282–285.
[33] H. Lindner, 900 f.
[34] Ähnlich auch U. Grümbel, 102–105. 109; vgl. H. Lindner, 904–907; J. Rehm, 17.

2.3.2. Blütezeit und Verschwinden

Die Blütezeit der Agapen fällt ins 3. Jh., und hier wird nach den Zeugnissen vor allem aus Nordafrika der karitative Charakter dieser Zusammenkünfte deutlich. Sie bestanden im Wesentlichen aus einem Eröffnungsgebet, einem Mahl mit geordneter Unterhaltung, dem Händewaschen und Anzünden der Lichter, aus Lobgesängen und einem abschliessenden Gebet. Die Grösse vieler Gemeinden erforderte eine wachsende Zahl von privaten Agapen einzelner Gruppen, besonders in Häusern begüterter Christen. Die Beteiligung des Klerus war üblich, aber nicht obligatorisch. Zur Zeit Augustins (um 400) waren Agapen ein bevorzugtes Mittel der Armenpflege. Mit der Konstantinischen Wende anfangs des 4. Jh. wurde das Abhalten von Agapen in Kirchenräumen verboten, und die bisher eher spontane Armenfürsorge wurde durch die Bischöfe zentral organisiert. Das gelegentliche Ausarten der Agapen in unkontrollierte Festgelage und das Bedürfnis, diese Feierform noch deutlicher gegen die Eucharistie abzugrenzen, mögen zu dieser Entwicklung beigetragen haben. In der Folge traten die Agapen am Ausgang der Antike in den Hintergrund; nur noch Totenmähler und religiöse Mahlzeiten bestimmter Gruppen erinnerten das Mittelalter hindurch noch an die Agapen.

2.3.3. Gestaltung

Die Geschichte der Agapen zeigt, dass es eine gleichbleibende liturgische Form des Liebesmahles nicht gab. Die römisch-katholische Kirche lehnt die räumlich und zeitlich enge Verbindung von Eucharistiefeiern und Agapen nach wie vor ab. Diese hätten keinen sakramentalen Charakter, seien aber auch nicht einfach gewöhnliche Mahlzeiten. Sie weisen zeichenhaft hin auf die in Jesu Tischgemeinschaft vorgebildete Erfahrung der Liebe Gottes und unter den Teilnehmenden, der Freude und des Friedens in der Gegenwart des unsichtbaren Christus, aber auch auf die Erwartung der kommenden Tischgemeinschaft im Reich Gottes. Agapen haben im Gegensatz zur Eucharistie keinen spezifisch konfessionellen Charakter. Ihre bevorzugten Gestaltungselemente sind: ein gemeinsamer ritueller Beginn und Schluss (Gebet, Segen über den Speisen, abschliessendes Gebet mit Segnung der Teilnehmenden), Speisen für ein wirkliches, nicht üppiges Mahl, wobei die Teilnehmenden diese Speisen auch mitbringen können, Singen gemeinsamer Lieder, liturgische Lesungen oder Tanz, wodurch die geistliche Unterhaltung und die Gespräche strukturiert werden können, das Deutlichmachen eines sozialkaritativen Aspekts etwa durch die Einladung randständiger, bedürftiger oder behinderter Gemeindeglieder, oder eine Spende für in Not geratene Menschen. Ein wichtiges Gestaltungselement der Agapen sind Gesänge und Musik. Sie können die Feier nicht nur strukturieren, sondern auch zur Ausrichtung auf eine bestimmte Thematik beitragen. Echte Gespräche haben zwar immer einen spontanen Charakter, aber die Feierform der Agape gibt auch Gelegenheit zu geformten, an Bibeltexten oder religiösen Themen orientierten Gesprächen.

2.3.4. Gelegenheiten

Agapen können selbstverständlich das ganze Jahr über gefeiert werden; es gibt aber dafür auch einige besondere Gelegenheiten: den Gründonnerstagabend in Erinnerung an das jüdische Sedermahl, als Höhepunkt und Abschluss einer Osternachtfeier, als Abschluss oder Auftakt einer Christnachtfeier, am Ostermontag in Verbindung mit einer Wanderung (Osterspaziergang als „Emmaus-Gang"), Gemeindefrühstück in der Advents- oder Fastenzeit, am Vorabend zum Sonntag in Verbindung mit einer Vesper, nach einer Taufe oder Bestattung, im Anschluss an einen Bibelabend oder einen kirchlichen Erwachsenenbildungskurs. Das bewusst geförderte Wiedererwachen einer Agapefeier-Kultur ist ein bedeutsamer Beitrag zum Aufbau einer christlichen Gemeinde.

LITERATUR

Berger, Klaus: Manna, Mehl und Sauerteig. Korn und Brot im Alltag der frühen Christen. Stuttgart 1993.

Bösen, Willibald: Jesusmahl, eucharistisches Mahl, Endzeitmahl. Ein Beitrag zur Theologie des Lukas. Stuttgart 1980.

Bouyer, Louis: Von der jüdischen zur christlichen Liturgie, in: Internationale Katholische Zeitschrift, 7. Jg. Frankfurt a. M. 1978, 509–519.

Cornehl, Peter: Evangelische Abendmahlspraxis im Spannungsfeld von Lehre, Erfahrung und Gestaltung, in: Hans Martin Müller / Dietrich Rössler (Hrsg.): Reformation und Praktische Theologie. Festschrift für Werner Jetter. Göttingen 1983, 22–50.

Delling, Gerhard: Das Abendmahlsgeschehen nach Paulus, in: ders., Studien zum Neuen Testament und zum hellenistischen Judentum. Göttingen 1970, 318–335.

Evangelisch-reformierte Landeskirche des Kantons Zürich (Hrsg.): Zürcher Disputation 84. Ergebnisse. Beiträge zur Standortbestimmung und Erneuerung unserer Kirche. Zürich 1987, 265–299.

Fiedler, Peter: Kultkritik im Neuen Testament?, in: Martin Klöckener / Benedikt Kranemann (Hrsg.): Liturgiereformen. Historische Studien zu einem bleibenden Grundzug des christlichen Gottesdienstes, 1. Tl. Biblische Modelle und Liturgiereformen von der Frühzeit bis zur Aufklärung. LQF 88. Bd. Münster i. W. 2002, 68–94.

Fuchs, Guido: Agape-Feiern in Gemeinde, Gruppe und Familie. Regensburg 1997.

Gesangbuch der Evangelisch-reformierten Kirchen der deutschsprachigen Schweiz. Basel / Zürich 1998.

Gerhard, Renate: „... und das Fest mit uns feierst". Tendenzen gegenwärtiger Abendmahlstheologie und Abendmahlsfrömmigkeit im Spiegel neuerer Eucharistiegebete, in: Peter Cornehl u. a. (Hrsg.): In der Schar derer, die da feiern. Göttingen 1983, 180–199.

Gese, Hartmut: Die Herkunft des Herrenmahls, in: ders.: Zur biblischen Theologie. Alttestamentliche Vorträge. 2. Aufl. Tübingen 1983, 107–127.

Grethlein, Christian: Grundfragen der Liturgik. Ein Studienbuch zur zeitgemässen Gottesdienstgestaltung. Gütersloh 2001.

Grümbel, Ute: Abendmahl „Für euch gegeben?". Stuttgart 1997.

Hahn, Ferdinand: Art. „Abendmahl". I. Neues Testament, in: Religion in Geschichte und Gegenwart, 4. Aufl., 1. Bd. Tübingen 1998, Sp. 10–15.

Haunerland, Winfried: Authentische Liturgie. Der Gottesdienst der Kirche zwischen Universalität und Individualität, in: Liturgisches Jahrbuch 52, 2002, H. 3, 135–157.

Hauschild, Wolf-Dieter: Art. Agapen I. In der Alten Kirche, in: TRE Bd. 1. Berlin / New York 1975, 748–733.

Jeremias, Joachim: Die Abendmahlsworte Jesu. 4. Aufl. Göttingen 1967.

Kahlefeld, Heinrich: Das Abschiedsmahl Jesu und die Eucharistie der Kirche. Frankfurt a. M. 1980.

Klauck, Hans-Josef: Herrenmahl und hellenistischer Kult, 2. Aufl. Münster i. W. 1986.

Kollmann, Bernd: Ursprung und Gestalten der frühchristlichen Mahlfeier, Diss. Göttingen 1990.

Lichtenberger, Hermann: „Bund" in der Abendmahlsüberlieferung, in: Friedrich Avemarie / Hermann Lichtenberger (Hrsg.): Bund und Tora. Zur theologischen Begriffsgeschichte in alttestamentlicher, frühjüdischer und urchristlicher Tradition. Tübingen 1996, 217–228.

Lindner, Herbert: Art. „Das Feierabendmahl", in: H.-Ch. Schmidt-Lauber / M. Meyer-Blanck / K.-H. Bieritz (Hrsg.): Handbuch der Liturgik, 3. Aufl. Göttingen 2003, 900–909.

Liturgiekonferenz der Evangelisch-Reformierten Kirchen in der deutschsprachigen Schweiz (Hrsg.): Liturgie, Bd. III Abendmahl. Bern 1983.

Messner, Reinhard: Einführung in die Liturgiewissenschaft. Paderborn 2001.

Meyer, Hans-Bernhard: Das Werden der literarischen Struktur des Hochgebetes, in: Zeitschrift für katholische Theologie, 105. Jg. 1983, 184–202.

Niebergall, Alfred: Art. Agapen II. In der Gegenwart, in: TRE Bd. l. Berlin / New York 1975, 753–755.

Nitschke, Horst (Hrsg.): Abendmahl. Liturgische Texte, Gesamtentwürfe, Predigten, Feiern mit Kindern, besondere Gestaltungen, Besinnungen. Gütersloh 1977.

Pesch, Rudolf: Das Abendmahl und Jesu Todesverständnis. Freiburg u. a. 1978.

Rehm, Johannes: Das Abendmahl. Römisch-katholische und Evangelisch-lutherische Kirche im Dialog. Gütersloh 1993. 2. Aufl. Tübingen 2000.

Roloff, Jürgen: Heil als Gemeinschaft. Kommunikative Faktoren im urchristlichen Abendmahl, in: Peter Cornehl / H. E. Bahr (Hrsg.): Gottesdienst und Öffentlichkeit. Göttingen 1990, 88–117.

Schmidt-Lauber, Hans-Christoph: Die Bedeutung sakramentaler Gottesdienste in evangelischer Sicht, in: Die Feier der Sakramente in der Gemeinde. Festschrift für Heinrich Rennings. Kevelaer 1986, 77–86.

Schulz, Frieder: „Teilt das Brot". Ein neues Motiv in evangelischen Abendmahlstexten der Gegenwart, in: M. Klöckener / A. Join-Lambert (Hrsg.): Liturgia et Unitas. Festschrift für Bruno Bürki. Freiburg i. Ü. 2001, 134–144.

Stegemann, Ekkehard W.: Das Abendmahl im Kontext antiker Mahlzeiten, in: Zeitschrift für Mission, 16. Jg. 1990, H. 3, 133–139.

Stock, Alex: Gabenbereitung. Zur Logik des Opfers, in: Liturgisches Jahrbuch, 53. Jg. 2003, H. 1, 33–51.

Theissen, Gerd / Merz, Annette: Der historische Jesus. Göttingen 1996.

Wick, Peter: Die urchristlichen Gottesdienste. Entstehung und Entwicklung im Rahmen der frühjüdischen Tempel-, Synagogen- und Hausfrömmigkeit. 2. Aufl. Stuttgart 2003.

3. Kirchenrechtliche Situation

Tanja Sczuka

Die liturgische Mahlzeit ist Teil einer Entwicklung neuer liturgischer Formen im kirchlichen Leben. Sie ist Ausdruck eines modernen Verständnisses von Gottesdienst und Abendmahl, ohne jedoch dem Abendmahl zu entsprechen. Diese Entwicklung schafft neue Lebenssachverhalte, welche neben der theologischen Auseinandersetzung auch die Frage nach den kirchenrechtlichen Aspekten nach sich ziehen. Die juristische Begutachtung konzentriert sich darauf, in welche Grundlagen und Grenzen der bestehenden Rechtsnormen diese Ereignisse einzuordnen sind. Die Einordnung erfolgt hier am Beispiel der Reformierten Landeskirche Aargau.

Sowohl der Gottesdienst als auch das Abendmahl als ein elementarer Bestandteil von Gottesdiensten zu speziellen Anlässen und als Sakrament sind im Recht der Aargauischen Reformierten Kirche in der Kirchenordnung geregelt.[1] Den §§ 15–62 KO ist gemeinsam, dass sie in ihrem Regelungsbereich gewisse Mindestanforderungen an Gottesdienst und Abendmahl stellen. Im Folgenden soll diskutiert werden, inwieweit diese rechtlichen Voraussetzungen zwingend sind bzw. ob sie genügend Raum für die Gestaltung der oben genannten liturgischen Feiern bieten. Der erst im Jahr 2002 eingeführte Experimentierartikel gemäss § 103 Abs. 1 Ziff. 19 KO nimmt hierbei eine Sonderstellung ein und soll getrennt betrachtet werden.

3.1. GOTTESDIENST UND GEMEINDEFEST

Gemäss § 15 Abs. 1 Satz 1 KO versammelt sich die Gemeinde regelmässig zum Gottesdienst. § 16 KO regelt die Bestandteile des Gottesdienstes. Letztere Norm ist zum einen an die Pfarrerinnen und Pfarrer und zum anderen an die Mitglieder der Kirchgemeinde adressiert. Beiden gibt die Vorschrift Anhalt über den einzuhaltenden bzw. zu erwartenden Aufbau des Gottesdienstes.

Aus der kirchlichen Praxis stellt sich die Frage, ob ein Gottesdienst im Sinne des § 16 KO auch in Form eines kirchlichen Gemeindefestes frei ge-

---

[1] Kirchenordnung der Evang.-Ref. Landeskirche des Kantons Aargau vom 22.11.1976 – im Folgenden KO (Systematische Rechtssammlung der Ref. Landeskirche Aargau, SRLA 151.100), im Internet unter www.ref-ag.ch/ Dokumentation/Rechtssammlung abrufbar. Als zum Thema einschlägige Vorschriften gelten die §§ 15, 16, 18, 19, 22, 62 und 103 Abs. 1 Ziff. 19 KO.

staltet werden könnte. Hierbei interessiert, inwiefern von der vorgeschriebenen Liturgie im Rahmen eines Gottesdienstes abgewichen werden kann bzw. ob ein solches Fest den Gottesdienst ersetzen könnte.

§ 16 Abs. 1 KO nennt folgende Mindestbestandteile des Gottesdienstes: Bibellesung, Predigt, Gebet, Gesang, Kollekte und Segen, wobei die bibelauslegende Predigt den Mittelpunkt des Gottesdienstes darstellt. Als weitere Bestandteile gelten die beiden Sakramente Taufe und Abendmahl (§ 16 Abs. 3 KO). Eine konkretisierende Vorschrift zum Abschluss des Gottesdienstes durch den Segen findet sich in § 19 KO. Die Gestaltung und die Durchführung des Gottesdienstes gehören explizit zum Aufgabenbereich der Pfarrerin und des Pfarrers gemäss § 62 Abs. 1 KO. Im Einverständnis mit der Kirchenpflege können Gottesdienste auch von Arbeitsgruppen vorbereitet, künstlerisch gestaltet und durchgeführt werden (§ 16 Abs. 4 KO).

Der reformierten Pfarrperson werden bei der Erfüllung ihrer Aufgabe in theologischer Hinsicht grosse Freiräume gewährt.[2] Die Gestaltung des Gottesdienstes ist bewusst nicht eingeschränkt. Eine wichtige Grundvoraussetzung des Handelns im Gottesdienst ist, dass dieses stets theologisch reflektiert und begründet sein muss. Aus rechtlicher Sicht aber muss ein Gottesdienst, der als solcher gelten soll, die genannten Kriterien erfüllen, d. h. die Mindestvoraussetzungen der §§ 16, 19 KO sind einzuhalten. Die Veranstaltung soll für ihre Besucher erkennbar ein Gottesdienst sein und dementsprechend auch als solcher öffentlich angekündigt werden. Dazu zählt neben der Publikation auch das zum Gottesdienst einladende Geläut (§ 16 Abs. 7, § 18 Abs. 4 KO). Nur wenn die rechtlich geforderten liturgischen Akzente zum Tragen kommen, kann der Gottesdienst auch den Minimalanforderungen des § 18 Abs. 1–3 KO genügen, wonach die Kirchenpflege mindestens an Sonn- und Festtagen Gottesdienste durchzuführen hat. Eine weitere Freiheit in der Gestaltung stellt aber die Möglichkeit dar, dass die Kirchenpflege für den Gottesdienst ausnahmsweise einen anderen Ort als die Kirche wählen kann. Grundsätzlich ist jedoch die Kirche Ort des Gottesdienstes. Die Reformierte Landeskirche des Kantons Aargau hat diesen Grundsatz zwar bislang im Gegensatz zu anderen Landeskirchen nicht explizit geregelt.[3] Es existiert aber eine langjährige Praxis im Sinne des Gewohnheitsrechts, die insbesondere für Taufgottesdienste und Trauungen kirchliche Räume (Kirche, Kirchgemeindehaus) als ordentlichen Durchführungsort vorsieht. Trauungen im Freien

---

[2] Beispielhaft sind die im Rahmen des pädagogischen Handelns angebotenen Gottesdienste für Kinder, Jugendliche und Familien zu nennen, vgl. § 16 Abs. 8 KO.

[3] Vgl. die Regelung der Zürcher Reformierten Landeskirche, § 52 KO Zürich.

oder in nicht-kirchlichen Räumen (z. B. Privathaus, Gasthaus, Waldhütte, Schiff) sind im Grundsatz zu unterlassen.[4]

Von Bedeutung ist also, dass ein Gottesdienst die festen liturgischen Merkmale erkennbar aufweisen muss. Fraglich ist in diesem Zusammenhang, ob die Veranstaltung einer liturgischen Feier bzw. eines Gemeindefestes die Grenzen des Gottesdienstes überschreitet. Der Kirchgemeinde ist es selbstverständlich gestattet, ein Gemeindefest auszurichten. Erfüllt dieses aber nicht die genannten Anforderungen an einen Gottesdienst, so kann es weder zusätzlicher Gottesdienst sein noch einen regulären Gottesdienst ersetzen. Die liturgische Feier bzw. das Gemeindefest kann folglich auch nicht an die Stelle der gemäss § 18 KO durchzuführenden Gottesdienste treten. Diese sind daneben weiterhin anzubieten. Damit bleibt der Gottesdienst begrifflich als Gottesdienst bestehen; die Gemeinde kann darüber hinaus zusätzliche liturgische Feiern veranstalten.

Ergänzend sei an dieser Stelle auf die Regelung des § 15 Abs. 3 KO hingewiesen. Die Vorschrift überträgt der Kirchenpflege die Verantwortung für den Gottesdienst. Der Wortlaut wird häufig missverstanden und bedarf daher einer kurzen Auslegung. Dabei ist die Norm im Kontext mit § 62 KO (Aufgaben des Pfarrers) und dem Gewohnheitsrecht zu betrachten. Der Begriff Verantwortung ist in Bezug auf den Gottesdienst eher eng auszulegen. Das bedeutet, dass es der Kirchenpflege obliegt, den organisatorischen Bereich in und um den Gottesdienst verantwortungsvoll zu übernehmen (z. B. Verpflichtung einer Organistin/eines Organisten, Bereitstellen und Unterhalt der kirchlichen Räumlichkeiten, Glockengeläut). Die Kirchenpflege kann im Rahmen ihrer Aufgabe auch gestalterisch tätig werden. Der Tätigkeitsbereich der Kirchenpflege ist aber vom liturgischen Teil des Gottesdienstes abzugrenzen. Hierfür liegt die theologische Verantwortung beim Pfarrer (vgl. § 62 Abs. 1 KO). Es ist der Kirchenpflege nicht gestattet, der Pfarrperson Weisungen für die Gestaltung des liturgischen Teils des Gottesdienstes zu geben oder Korrekturen vorzunehmen.

3.2. ABENDMAHL UND LITURGISCHE MAHLZEIT

Als Bestandteil des Gottesdienstes stand das Abendmahl – ebenso wie der Gottesdienst selbst – in jüngster Vergangenheit häufiger hinsichtlich seiner

---

[4] Vgl. Richtlinien für den Vollzug von „grenzüberschreitenden" kirchlichen Handlungen, beschlossen vom Reformierten Pfarrkapitel am 29.05.1985, Ziff. 3.3.

Erscheinungsform zur Diskussion.[5] Neben dem Schwerpunkt der theologischen Debatte ist der rechtliche Rahmen bei der Evaluation der Alternativen einzubeziehen. In der Praxis stellt die liturgische Mahlzeit eine attraktive Form der sich entwickelnden Möglichkeiten dar. Sie weist eine grössere Nähe zum praktischen Leben auf als das Abendmahl und verbindet so das Alltägliche mit dem Heiligen. Es ist zu prüfen, ob die liturgische Mahlzeit zu dem von der Kirchenordnung geregelten Abendmahl einen Kontrapunkt darstellt oder ob sie einhergehend damit auch ein Abendmahl ersetzen könnte. Regelungen zum Abendmahl finden sich in den §§ 16 Abs. 3, 22, 62 Abs. 1 KO, wobei § 22 KO die zentrale Vorschrift darstellt.

Vorab zu klären ist, welche Voraussetzungen für das Abendmahl in der Aargauischen Reformierten Landeskirche konstitutiv sind. Das Abendmahl im Sinne des § 22 KO ist in verschiedenen Formen und zu unterschiedlichen Anlässen möglich. Es können verschiedene theologische Akzente gesetzt werden. Die Vorschrift der Kirchenordnung regelt zwar den grundlegenden Sinn des Abendmahls und dessen Grundzüge sowie organisatorische Fragen. So hat das Abendmahl mindestens an den hohen kirchlichen Feiertagen stattzufinden und steht in Form und Durchführung unter der Verantwortung der Kirchenpflege (§ 22 Abs. 3–4 KO). Nicht in der Kirchenordnung geregelt ist aber der Aufbau und der Inhalt des Abendmahls. Hier ist die Norm des § 22 KO mit Hilfe der theologischen Literatur zur Liturgie des Abendmahls auszulegen.[6] Daraus ergibt sich, dass das Abendmahl von vier wesentlichen Bestandteilen[7] getragen wird: erstens der Hinführung zum Abendmahl, zweitens der Erinnerung bzw. Besinnung durch die Pfarrerin/den Pfarrer auf die Einsetzung durch Jesus Christus,[8] drittens der Austeilung in beiderlei Gestalt[9]

---

[5] Einen aktuellen Kurzüberblick zu den seit den 1970er Jahren entwickelten neuen Abendmahlsformen gibt: Stephan Degen-Ballmer, Das Abendmahlsverständnis im Wandel der Zeit, in: P. Müller / D. Plüss, 30 ff., 36–37.

[6] § 22 Abs. 2 KO nennt lediglich die Minimalanforderungen des Abendmahls (Brot und Wein entsprechend der Einsetzung durch Jesus Christus).

[7] Bestandteile nach: Gesangbuch, Textnr. 153, 299–354; Liturgie, 275 ff.; Stein, 53 ff. (55), geht sogar nur von zwei wesentlichen Merkmalen des Abendmahls aus: 1. die ausdrückliche Anrufung Gottes im Gedenken an das Sterben Jesu Christi und 2. das Feiern des Abendmahls als gemeinsames Essen und Trinken aller Mitfeiernden unter dem Stichwort „Laienkelch" als Verwirklichung des Priestertums aller Gläubigen. Dabei sei aber zu beachten, dass das Abendmahl als regelmässig im öffentlichen Gottesdienst gefeiertes Sakrament nur ausnahmsweise ausserhalb der Gottesdienststätte und in freierem Rahmen gefeiert werde (z. B. Notabendmahl durch Laien, Abendmahl am Krankenbett).

[8] Vgl. § 22 Abs. 2 KO; Bibeltexte: 1Kor 11,23–26; Mt 26,26–29 bzw. Parallelstellen.

[9] Vgl. § 22 Abs. 2 KO.

und viertens der Danksagung. Die vier Bestandteile füllen den liturgischen Raum des Abendmahls aus. Sie sind dementsprechend für das Abendmahl konstitutiv.

Für die Frage nach dem Rahmen liturgischer Mahlzeiten gilt im Wesentlichen das zum Verhältnis zwischen Gottesdienst und Gemeindefest eingangs Gesagte. Das Abendmahl bietet in der Ausgestaltung innerhalb der vier Fixpunkte der konstitutiven Merkmale hinreichend liturgische Freiheiten. Es muss aber als Abendmahl mit seinen Merkmalen für die Gemeindemitglieder erkennbar bleiben.[10] Eine liturgische Mahlzeit kann damit nicht eine Form des Abendmahls sein und dieses auch nicht ersetzen. Die liturgische Mahlzeit ist rechtlich nicht geregelt und bietet damit viele Freiheiten und Experimentiermöglichkeiten. Das Abendmahl ist schon begrifflich an die Kirchenordnung gebunden. Eine weite Auslegung des § 22 KO dahingehend, dass auch liturgische Mahlzeiten, die in ihrer freien Ausgestaltung keine oder nur noch Teile der wesentlichen Elemente des Abendmahls aufweisen, unter den Begriff des Abendmahls zu fassen wären, erscheint unangemessen. Sie liefe dem Sinn und Zweck der Regelung zuwider, das Abendmahl als Sakrament der reformierten Kirche festzuschreiben. Daraus folgt, dass das Abendmahl in seiner beschriebenen Form zu erhalten ist und innerhalb der liturgischen Eckpfeiler theologisch gestaltet werden kann. Es darf hingegen nicht mit der liturgischen Mahlzeit vermischt oder durch sie ersetzt werden. In der Praxis möglich wäre allerdings eine Kombination von liturgischer Mahlfeier und Abendmahl. Dabei gilt für den Rahmen der liturgischen Feier der genannte Freiraum; auf den integrierten Abendmahlsteil wären die aufgezeigten Massstäbe anzusetzen.

Damit sind die Grenzen zwischen Abendmahl und liturgischer Mahlzeit aufgezeigt. Als Ergänzung für das praktische Verständnis dieser Grenzen dient aber folgender Hinweis: Wie weit die Freiräume bei der Gestaltung des

---

[10] Vgl. SEK, 30–32. Der SEK erinnert in seiner Broschüre aus aktuellem Anlass ebenfalls an das Einhalten der liturgischen Disziplin im Abendmahl. Argumentiert wird hier gut nachvollziehbar damit, dass das Gewährleisten liturgischer Traditionen und Merkmale vor unsachgemässer Verfremdung und Umdeutung schützt und auch der ökumenischen Erkennbarkeit der Mahlfeier dient. Hilfreich in diesem Zusammenhang ist auch der weitere Hinweis auf die Beobachtungen der Abgeordnetenversammlung von 1986 (Locarno), worin bereits damals für die deutschsprachigen Kirchen der Schweiz eine sinnvolle Auseinandersetzung mit der Abendmahlsliturgie auf der Basis der historisch gewachsenen Formen angeregt wurde (SEK, a. a. O., Fn. 28).

Abendmahls gehen, zeigt sich am Beispiel des Agape-Mahls.[11] Diese freie Form der Gemeindemahlzeit lässt beispielsweise in der Arbeit mit Konfirmanden u. a. Gruppen von Jugendlichen Spielräume zu, in denen der Pfarrer gleichzeitig seiner Aufgabe, der Durchführung des Abendmahls (§ 62 Abs. 1 KO), nachkommen und in einem ungezwungeneren Rahmen die Inhalte des Abendmahls vermitteln kann.

3.3. EXPERIMENTIERARTIKEL, § 103 ABS. 1 ZIFF. 19 KO

Die „Experimentierartikel" genannte Vorschrift des § 103 Abs. 1 Ziff. 19 KO befindet sich erst seit dem Beschluss der Synode vom 5. Juni 2002 in der Kirchenordnung. Da im Umgang mit der noch jungen Norm in der Praxis erst wenig Erfahrung besteht und der Wortlaut auf bewilligungsfähige Versuche, den Rahmen der Kirchenordnung namentlich auf dem Gebiet des Gottesdienstes zu überschreiten, schliessen lässt, ist eine Überprüfung in diesem Zusammenhang angezeigt.

Sinn und Zweck des Experimentierartikels ist es, den Kirchgemeinden Möglichkeiten jenseits der bestehenden Regulierung durch die Kirchenordnung zu eröffnen, die, zunächst befristet, langfristig einmal zu Veränderungen bislang bewährter Strukturen führen könnten. In Bezug auf den Gottesdienst geht es hier jedoch stärker um organisatorische Fragen als um Änderungsvorschläge im liturgischen Bereich. So kann eine Kirchgemeinde z. B. darum ersuchen, in Abweichung zu § 18 Abs. 1 KO nicht länger einen wöchentlichen Gottesdienst am Sonntag durchführen zu müssen, sondern diesen nur alle zwei Wochen anbieten und im wöchentlichen Wechsel mit einer Nachbargemeinde einen Fahrdienst organisieren zu können. Der vorliegend interessierende liturgische Gestaltungsspielraum im Bereich liturgische Feiern bzw. liturgische Mahlzeiten ist aber nach wie vor allein im Hinblick auf die bestehenden Regelungen der Kirchenordnung im Verhältnis zu den Grenzen von Gottesdienst und Abendmahl zu betrachten.[12] Denn aufgrund der bestehenden liturgischen Freiheiten benötigen die liturgischen Experimente in der Regel keine juristische Absicherung durch den Experimentierartikel. Es ist nicht undenkbar, auch eine liturgische Frage über den Experimentierartikel abklären zu lassen. § 103 Abs. 1 Ziff. 19 KO bietet aber keinen primären Ansatz zur Grenzüberschreitung. Naheliegender wäre es, eine grössere liturgische Veränderung durch den Pfarrer/die Pfarrerin gem. § 16 Abs. 6 KO

---

[11] Auch als Liebesmahl bezeichnete Gemeindemahlzeit, vgl. Liturgie, 339–370. Ausführlicheres zum Agape-Mahl bei A. Ehrensperger, Kap. 2.3. Agape-Mahlfeiern, in diesem Band.

[12] Vgl. oben 5.1. und 5.2.

durch einen Beschluss der Kirchenpflege mittragen zu lassen. Somit kann der Experimentierartikel bei der juristischen Begutachtung liturgischer Mahlzeiten und Feiern ausser Betracht bleiben.

3.4. ZUSAMMENFASSUNG

Die modernen Formen in der Gestaltung kirchlicher Abläufe wie liturgischer Mahlzeiten sind getrennt von den in der Kirchenordnung der Evangelisch-Reformierten Landeskirche des Kantons Aargau rechtlich begrenzten Abläufen des Gottesdienstes und des Abendmahls zu behandeln. Gottesdienst und Abendmahl haben gewisse konstitutive Merkmale, bieten aber dennoch grosse liturgische Freiheiten. Sie können jedoch im Rahmen der bestehenden rechtlichen Situation nicht durch liturgische Mahlzeiten ersetzt werden. Dem Bedürfnis nach vermehrter Veranstaltung der attraktiven liturgischen Feiern und Mahlzeiten ist parallel zur bewährten Struktur von Gottesdienst und Abendmahl nachzukommen.

LITERATUR

Degen-Ballmer, Stephan: Das Abendmahlsverständnis im Wandel der Zeit, in: Müller, Patrik / Plüss, David (Hrsg.): Reformierte Abendmahlspraxis, Plädoyer für liturgische Verbindlichkeit in der Vielfalt. Zürich 2005, 30–37.

Gesangbuch der Evangelisch-reformierten Kirchen der deutschsprachigen Schweiz (hrsg. vom Verein zur Herausgabe des Gesangbuchs der Evangelisch-reformierten Kirchen der deutschsprachigen Schweiz). Basel / Zürich 1998.

Liturgie Bd. 3, Abendmahl (hrsg. von der Liturgiekonferenz der Evangelisch-reformierten Kirchen in der deutschsprachigen Schweiz). Bern 1983.

Müller, Patrik / Plüss, David (Hrsg.): Reformierte Abendmahlspraxis, Plädoyer für liturgische Verbindlichkeit in der Vielfalt. Zürich 2005.

SEK (Schweizerischer Evangelischer Kirchenbund): Das Abendmahl in evangelischer Perspektive. Überlegungen und Empfehlungen des Rates des SEK-FEPS. Bern 2004.

Stein, Albert: Evangelisches Kirchenrecht. Ein Lernbuch, 3. Aufl. Neuwied / Kriftel / Berlin 1992.

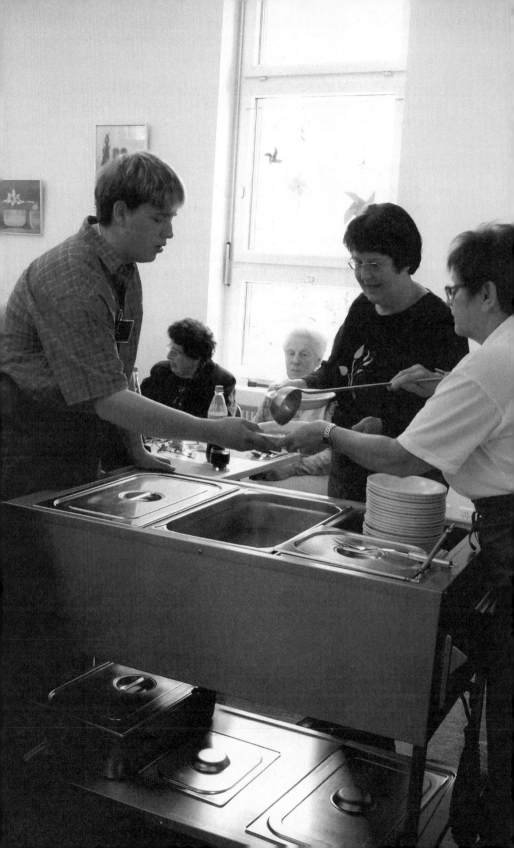

4. Von der Inszenierung einer „heiligen Alltäglichkeit"

David Plüss

4.1. Die protestantische Appetitlosigkeit

Das Abendmahl fristet in den reformierten Gottesdiensten der Deutschschweiz ein Schattendasein. Es gehört eher zu den Verlegenheiten der Pfarrpersonen und Gemeinden und kaum je zu den liturgischen Leckerbissen. Anders als etwa das Weihnachtsfest wird es nicht freudig erwartet, sondern mehrheitlich gemieden. Womit hat das zu tun?

Seit der Reformation – oder genauer: seit der Absetzung des Predigtgottesdienstes von der Messfeier – wurde das Abendmahl in unseren Kirchen nur noch an den hohen kirchlichen Feiertagen gefeiert. Die Gottesdienstordnungen der Deutschschweizer Kirchen sahen bis in die 1980er Jahre mehrheitlich vier Abendmahlstermine im Jahr vor. Erst in den letzten dreissig Jahren wurde diese Regel zunehmend durchbrochen und deutlich häufiger Abendmahl gefeiert. Dennoch bleibt das Abendmahl bei uns selten, sowohl was die durchgeführten Feiern als auch was die Beteiligung betrifft.

Diese Seltenheit stand für lange Zeit – und steht für viele noch heute – in einem Zusammenhang mit der Scheu davor, das Abendmahl „unwürdig" und also „zum Gericht" zu empfangen.[1] Diese Scheu erzeugte die bis heute anhaltende „protestantische Appetitlosigkeit"[2] bezüglich des Abendmahls.

In den letzten zwanzig Jahren ging diese Scheu zurück, vor allem in der jüngeren Generation. Dies hat auch mit einer darauf gerichteten Aufmerksamkeit der Liturginnen und Liturgen zu tun. Die Düsternis der Schuldthematik wurde durch die Motive der *Festlichkeit* und *Gemeinschaftlichkeit* aufgehellt oder ersetzt.[3]

Dennoch: Die Appetitlosigkeit blieb. Wenn ich mir Abendmahlsschilderungen von Zeitgenossinnen und Zeitgenossen anhöre oder auf eigene Erfahrungen zurückblicke, so scheint mir diese Appetitlosigkeit nicht zuletzt mit einer gewissen, zuweilen ins Komische tendierenden *Peinlichkeit* zu tun zu haben, die sich bei unseren Abendmahlfeiern regelmässig einstellt. Diese

---

[1] Vgl. H. Lindner, 901. Diese Scheu bezieht sich auf die in 1Kor 11,27–29 formulierte Warnung vor einer unwürdigen Abendmahlspraxis.
[2] G. Kugler, 31.
[3] Vgl. M. Josuttis.

Peinlichkeit steht meines Erachtens in einem direkten Zusammenhang mit der seltenen Praxis. Der Ungeübte ist unsicher, ungelenk, stockt, muss sich nach ein paar Schritten wieder orientieren, sich Bewegungen erst aneignen, nachbessern, nachdem er deren Unstimmigkeit festgestellt hat. Ungeübt ist dabei nicht nur die Abendmahlsteilnehmerin, sondern oft auch die Liturgin. Zu selten finden die Feiern statt, als dass sich eine formbewusste und überzeugende Praxis einstellen könnte. Zu sehr sind Theologinnen und Theologen auf Inhalte konzentriert, wo es doch um Rituale, Gesten und Symbole ginge.

4.2. DIE AUSWEGE

Ich sehe hauptsächlich zwei Auswege aus diesem Dilemma. Der erste besteht darin, das traditionelle Abendmahl *häufiger zu feiern*, so dass die Praxis flüssiger und stimmiger wird, sich als integraler Bestandteil in die Gottesdienstfeier einfügt, zur liturgischen Übung wird und sich damit zunehmend liturgisch verleiblicht. Es geht um eine liturgische Verleiblichung des Abendmahls, die sich als Bedürfnis äussert, den Alltag immer wieder mit dem heiligen Essen zu unterbrechen und zu verbinden.

Der andere Ausweg ist jener, der mit dem *Feiermahl* beschritten wird.[4] Die Peinlichkeit wird dadurch vermieden, dass das alltägliche Leben nicht nur in das Abendmahl hineingetragen wird wie etwa beim „Feierabendmahl",[5] sondern dass der Alltag selbst im Rahmen eines durchaus profanen Mahles gefeiert wird. Das Feiermahl – ob sich damit nun traditionelle Elemente des Abendmahls wie Einsetzungsworte und Verteilung von Brot und Wein verbinden oder nicht – begeht liturgisch eine elementare Profanität: das Essen. Menschen essen und trinken beim Feiermahl zusammen wie bei anderen gemeinschaftlich-festlichen Gelegenheiten auch. Man unterhält sich, mal ernsthaft, mal heiter, Gelächter hier und dort, Tellergeklapper, die Salatsauce bespritzt das weisse Hemd, und das Buffet wird für den Hauptgang gestürmt. Menschen essen zusammen und stellen dieses Essen – durchaus ungewohnt und gewöhnungsbedürftig – in einen liturgischen Rahmen. Das gemeinschaftliche Essen ist umrahmt von Elementen, die sonst zum Gottesdienst gehören: Klassische Musik wird vorgetragen, jemand hält eine besinnliche Ansprache, es wird gesungen, gebetet und gesegnet.

---

[4] Vgl. dazu den Beitrag zum Feiermahl in Teil 2 dieses Bandes.
[5] Vgl. G. Kugler.

4.3. ANSPRUCHSVOLLE „HEILIGE ALLTÄGLICHKEIT"

Beim Feiermahl kommen zwei Welten zusammen, die sonst kaum zusammenkommen und sogar bei uns Reformierten getrennt gehalten werden: die heilige und die profane, der Gottesdienst und der Alltag.[6] Eine „heilige Alltäglichkeit" wird begangen.

Die Chance des Feiermahls sehe ich in dieser erstaunlichen Verbindung. Denn unser Glaube wird für uns nur relevant, wenn er sich mit dem Alltag verbindet. Die christliche Hoffnung bedarf der Bodenhaftung, um wirksam zu werden. Der Alltag andererseits bedarf der Öffnung durch die Religion, um nicht zum sinnlosen, blinden Trott zu verkommen. Die „heilige Alltäglichkeit" ist das Programm religiöser Existenz schlechthin, insbesondere in einem reformierten Kontext.

Nun ist es aber in keiner Weise selbstverständlich, dass diese Verbindung gelingt. Ein Feiermahl kann ebenso peinlich sein wie ein ungelenkes Abendmahl. Die Übergänge zwischen Tellergeklapper und Gebet, zwischen Gelächter und Besinnung sind heikel und überlegt zu begehen. Vieles kann schiefgehen und aufgesetzt wirken, ungelenk und unstimmig sein. So können Programmpunkte scheinbar beliebig und ohne Zusammenhang, ohne Melodie, die das Ganze durchzieht, aneinandergereiht werden. „Heilige Alltäglichkeit" ist das Feiermahl nur, wenn die Verschränkung gelingt und als stimmig erfahren wird.

Das Gelingen hängt unbestreitbar von vielen Unwägbarkeiten ab und wird von den Teilnehmenden durchaus unterschiedlich erfahren und beurteilt. Dennoch scheint es mir möglich, Kriterien zu benennen, an denen die Stimmigkeit gemessen werden kann und die sich auch als Gestaltungsmassstäbe eignen. Im Folgenden sollen vier solche Kriterien benannt und kurz skizziert werden.

---

[6] Das von *Ernst Käsemann* geprägte und auf Römer 12,1 zurückgehenden Konzept vom „Gottesdienst im Alltag der Welt", das die beiden Welten eng aufeinander bezieht bzw. übereinanderschiebt und einem reformierten Verständnis des Gottesdienstes weitgehend entspricht, muss religionsphänomenologisch und frömmigkeitspraktisch differenziert und relativiert werden, da gezeigt werden kann, dass sich die Grunddifferenz sakral – profan auch in der reformierten Frömmigkeit und Gottesdienstpraxis aufweisen lässt.

4.4. DIE GESTALTUNGSKRITERIEN

4.4.1. Körperlichkeit

Das erste Kriterium ist die Körperlichkeit. Was heisst Körperlichkeit bezogen auf das Feiermahl? Der Mensch ist als eine komplexe Einheit von Körper und Geist bzw. von Leib und Seele zu verstehen. Der Geist (oder die Seele) ist dabei dem Körper nicht einfach aufgepfropft oder ihm verbindungslos gegenübergestellt, sondern die beiden sind zu einer spannungsvollen Einheit verbunden.[7] Das Wesen eines Menschen ist nicht einfach identisch mit seinem Geist oder seiner Seele, wobei der Körper die unterlegte biologische Apparatur darstellt, gleichsam die „Hardware" zur geistigen „Software", sondern der Mensch ist nur als Körperwesen Mensch. Körper und Geist sind verwoben zu einer Einheit, die sich an keiner Stelle auftrennen lässt. Dabei ist der Körper in onto- wie phylogenetischer Perspektive elementarer und früher als der Geist. Der Mensch ist als Kleinkind zuerst Körper, Bewegung und körperliche Sinnlichkeit.[8] Er lernt und kommt zu sich selbst durch Körperbewegungen, die er wahrnimmt, erfährt, nachahmt und sich selber aneignet. Damit gehen Stimmungen und Gefühle einher. Und erst mit der Zeit entsteht so etwas wie Bewusstsein oder Geist. Dabei bleibt der aus der Körperlichkeit sich entfaltende Geist immer mit dem Körper verbunden und auf ihn bezogen.[9]

Dieser hier nur andeutungsweise skizzierte Sachverhalt lässt sich auch theologisch formulieren: Gemäss dem zweiten Schöpfungsbericht der Genesis schuf Gott den Menschen aus Erde, formte ihn zu einem körperlichen Wesen, dem er seinen Atem und damit lebendigen Geist einblies. Der schöpferische Gottesgeist ist Atem, körperliche Lebenskraft und zugleich Bewusstsein und Kommunikationsfähigkeit. Der erste Mensch, der Mensch als Geschaffener, ist eine körperlich-geistige Einheit. Er steht vor Gott als Körper und Geist zugleich, beides ungeschieden und ununterscheidbar. Diese Einheit gilt es theologisch zu bedenken und praktisch zu gestalten. Glaube ist mehr als ein Fürwahrhalten dogmatischer Sätze und mehr als Sinndeutung; Glaube ist auch eine bestimmte Praxis und eine qualifizierte Körperlichkeit.

Für die „heilige Alltäglichkeit" des Feiermahls ist die Verbindung von Körper und Geist elementar, weil durch die Mahlzeit die Körperlichkeit des

---

[7]   Ich beziehe mich dabei vor allem auf die Konzepte der Phänomenologie (Merleau-Ponty; Waldenfels) und der Sozialphilosophie (Gebauer / Wulf).
[8]   Vgl. Stern.
[9]   So auch Gebauer / Wulf, 23 ff.

Menschen voll und ganz zum Zuge kommt und die Möglichkeit, sich in körperloser Geistigkeit und Geistlichkeit zu verlieren, gar nicht besteht. Daraus folgt der Anspruch, die Körperseite der Feier – die Mahlzeit – nicht von der Geistseite – dem liturgischen Rahmen – abzusetzen und zu trennen, sondern die beiden Seiten zu verschränken, ineinander aufgehen und auseinander hervorgehen zu lassen. Das ist ein hoher liturgisch-dramaturgischer Anspruch, aber darunter ist die Sache nicht zu haben, wenn man sich nicht mit einem unbezogenen Nebeneinander oder einem klappernden Nacheinander zufrieden geben will.

Wenn wir auf die konkrete Gestaltung blicken, so ist zu fragen, wie der „Geist" bei der Mahlzeit zum Zuge kommen könnte: z. B. durch Elemente der Dekoration, die die Aufmerksamkeit leiten und das Nachdenken provozieren, durch Symbole essbarer oder dekorativer Art, durch rituelle Formen im Ablauf der Mahlzeit (vor dem Essen, beim Essen und nach dem Essen) sowie durch musikalische Einlagen oder Lesungen während des Essens.

Anspruchsvoller, aber ebenso wichtig, ist der Körperbezug des liturgischen Rahmens. Da die Religiosität eines Menschen keinen rein geistigen, sondern wesentlich auch einen körperlichen Sachverhalt darstellt, hat sie sich auch in liturgischen Vollzügen als solchen zu erweisen: als erneuerte, belebte, befreite, selbstbewusste und solidarische Körperlichkeit. Die Bezugnahme auf den essenden, trinkenden und sich bewegenden Körper in den feierlich-liturgischen Teilen des Feiermahles scheint mir grundlegend. Dies kann geschehen durch die Thematisierung, Meditation und/oder Reflexion der Gesten des Essens und Trinkens, durch rituelle Handlungen ganz allgemein oder durch die Aufnahme des Gemeinschaftscharakters des Essens in die Lieder und Gebete.

4.4.2. Atmosphärische Stimmigkeit

Das Gelingen des Feiermahls hängt in besonderer Weise an der atmosphärischen Stimmigkeit. Was heisst das? Atmosphären sind Räumen vergleichbar, in die Menschen eintreten und die bestimmte, vor allem emotionale, aber auch körperlich-sinnliche Reaktionen auslösen.[10] Die Atmosphäre einer grossen gotischen Kathedrale oder diejenige einer romanischen Krypta lösen in demjenigen, der sie eintritt, bestimmte Gefühle aus. Er bewegt sich in der Atmosphäre eines Kirchenraums anders als auf der Strasse oder bei sich zu Hause. Seine Selbstwahrnehmung und sein Bewusstseinszustand verändern sich. Eine Atmosphäre umgibt einen Menschen, nimmt ihn in sich auf und transformiert ihn, oft ohne dass er dies bewusst wahrnimmt und steuern kann.

---

[10] Vgl. Schmitz; Hailer.

Gottesdienste und liturgische Feiern sind solche Atmosphärenräume. Gottesdienstliche Feiern werden als gelungen erlebt, wenn sie atmosphärisch nicht nur einladend, sondern auch berührend, verändernd und anregend wirken. Eine gewisse Feierlichkeit und Intensität ist liturgischen Atmosphären eigen.

Auch Feiermähler sind Atmosphärenräume. Auch hier geht es um die Stimmigkeit und Intensität der Atmosphäre. Wichtig scheint mir vor allem, dass die liturgischen Teile und die Mahlzeit atmosphärisch nicht in zwei Räume auseinanderbrechen, sondern verbunden bleiben.

Die Stimmigkeit der Atmosphäre kann nur dann sinnvoll zum Kriterium erhoben werden, wenn Atmosphären auch gestaltet werden können. Alle Liturginnen und Liturgen gestalten Atmosphären, nur sind sie sich dessen oft nicht bewusst. Die Aufmerksamkeit für das Atmosphärische hilft, das Gesamte einer Feier im Blick zu behalten. Der Wahrnehmungshorizont weitet sich beträchtlich. Und es wird deutlich, dass die Elemente der Feier wie etwa Musik, Lieder, Ansprachen, Gebete oder die Mahlzeit *Medien* zur Gestaltung einer bestimmten Atmosphäre sind, einer Atmosphäre, die Menschen einnehmen, berühren und verändern soll – durch essen, trinken und beten.

4.4.3. Begehbare Dramaturgie

Die Dramaturgie ist mit der Gestaltung der Atmosphäre eng verbunden. Auch die Dramaturgie hat die Gesamtheit einer Feier im Blick. Anders als bei der Atmosphäre geht es aber weniger um einen bestimmten Raum als vielmehr um einen *Weg*, der beschritten werden soll. Die Dramaturgie thematisiert und reflektiert die Handlungsabläufe und die Möglichkeit der Teilnehmenden, den vorgeschlagenen Weg mitzugehen bzw. ihre eigenen Varianten, Umwege und Abkürzungen zu finden. Sie konzentriert sich insbesondere auf den Spannungsverlauf innerhalb des Stücks: Wohin zielt die Feier? Welche Stelle soll am intensivsten, als Höhepunkt, erlebt werden? Oder gibt es mehrere Höhepunkte? Wie wird der Anfang gestaltet und wie die Übergänge zwischen den verschiedenen Teilen? Gibt es einen kontinuierlichen Spannungsverlauf, den auch wenig geübte Bergwanderer begehen können, oder sind Sprünge und Kletterein erforderlich? Wie werden die Teilnehmenden wieder vom Berggipfel hinuntergeführt? Wie sind der Schluss und somit der Übergang in die „profane Alltäglichkeit" gestaltet?

4.4.4. Rhythmisierung

Mit dem Kriterium der Rhythmisierung rückt der Zeitaspekt in den Blick. Mahlfeiern finden zu einer bestimmten Zeit statt und haben eine gewisse

Dauer. Beides ist zu reflektieren: die zeitliche Ansetzung im Tagesverlauf und in der Woche sowie die Dauer. Wichtiger allerdings als Zeitpunkt und Dauer ist die Zeit, die durch die Mahlfeier selber gestaltet wird. Die Zeit gerät damit weniger in ihrer Quantität als in ihrer Qualität in den Brennpunkt des Interesses. Zeit wird durch Gestaltung – auch durch die liturgische – geprägt: Sie wird verdichtet, gedehnt, rhythmisiert (im engeren Sinn) oder zum Stillstand gebracht. Zeit in diesem qualitativen Sinn wird in einem Gottesdienst oder Feiermahl hergestellt und gestaltet, ob bewusst, vorbewusst-intuitiv oder zufällig. Rhythmisierung meint allerdings die bewusste und sensible Wahrnehmung und Gestaltung der qualitativen Zeit. Wo sind die Zeiträume grosszügig zu bemessen, ohne dass Längen entstehen und Langeweile aufkommt? Wo ist Tempo und ein schneller Rhythmus angesagt, ohne in Hektik zu geraten? Welche Szenen sind mit niedriger Spannung, welche mit hoher verbunden? Was heisst dies für die Gestaltung, die Sprechweise, die Überleitungen, die Pausen? Dabei gilt: Atmosphärische Dichte und dramaturgische Spannung können sich sowohl mit Zeitdehnung als auch mit Tempo verbinden.

4.4.5. Gottesgeist und Inszenierung

Feiermähler sind nur dann „heilige Alltäglichkeiten", wenn die Verbindung von Feierlichkeit und Mahlzeit gelingt, wenn das Heilige unseres Glaubens die Bodenhaftung einer nicht ganz alltäglichen geselligen Mahlzeit gewinnt und die routinierte Trostlosigkeit der Nahrungszufuhr unterbrochen und aufgehoben wird durch den Lichtglanz eines Festessens im anbrechenden Gottesreich. Dass diese Verbindung gelingt, ist letztlich ein gnädiges Geschenk Gottes. Die sorgfältige Gestaltung ist dabei allerdings keine Nebensächlichkeit, sondern grundlegend und Ausdruck theologisch-liturgischer Verantwortung.

Die vier genannten Gestaltungskriterien sind grundsätzlicher Natur und ergeben zusammen keine einfach anwendbare Rezeptur. Zuerst und vor allem handelt es sich um unterschiedliche Perspektiven auf das Feiermahl als gestaltete und erfahrbare Form. Gestaltung und Rezeption sind dabei gleichermassen im Blick. Die gewählten Perspektiven sind allerdings nicht neutral. Sie beschreiben nicht nur, sondern setzen aus sich heraus Massstäbe frei bezüglich Stimmigkeit, Gelingen und theologischer Angemessenheit. Dabei handelt es sich um weiche Kriterien, die situationsabhängig sind und einen nicht geringen Ermessensspielraum zulassen.

„Heilige Alltäglichkeiten" sind, wenn sie als gelungen und bewegend erfahren werden, gottgegeben und geistgewirkt. Aber nach Martin Luther ist dieser

Gottesgeist der Faulheit seiner Knechte und Mägde feind. Das Feiermahl bedarf der aufmerksamen und sorgfältigen Inszenierung, wenn es sich, so Gott will, in „heilige Alltäglichkeit" verwandeln soll.

LITERATUR

Gebauer, Gunter / Wulf, Christoph: Spiel – Ritual – Geste. Mimetisches Handeln in der sozialen Welt. Reinbek bei Hamburg 1998.

Hailer, Martin: Das Subjekt und die Atmosphären, durch die es ist. Ein religionsphilosophischer Versuch, ThZ 60, 2004, 165–183.

Josuittis, Manfred: Abendmahl und Kulturwissenschaft, in: M. Josuittis / G. M. Martin (Hrsg.): Das heilige Essen. Kulturwissenschaftliche Beiträge zum Verständnis des Abendmahls. Stuttgart / Berlin 1980.

Kugler, Georg: Forum Abendmahl, Gütersloh 1979.

Lindner, Herbert: Feierabendmahl, in: H.-C. Schmidt-Lauber / M. Meyer-Blanck / K.-H. Bieritz (Hrsg.): Handbuch der Liturgik. Liturgiewissenschaft in Theologie und Praxis der Kirchen. Göttingen 2003, 900–909.

Merleau-Ponty, Maurice: Das Sichtbare und das Unsichtbare. München 1994.

Schmitz, Hermann: Gefühle als Atmosphären im Raum, in: H. Schmitz / G. Marx / A. Moldzio (Hrsg.): Begriffene Erfahrung. Beiträge zur anti-reduktionistischen Phänomenologie. Rostock 2002, 65–75.

Stern, Daniel N.: Die Lebenserfahrung des Säuglings. Stuttgart 1992.

Waldenfels, Bernhard: Das leibliche Selbst. Vorlesungen zur Phänomenologie des Leibes. Frankfurt 2000.

II Praktischer Teil: Erfahrungsberichte

Tagungshaus Rügel: Feiermahl

Das einmalige „Feiermahl" im Aargauer kantonalkirchlichen Tagungshaus Rügel war ein Fest mit überregionaler Ausstrahlung. Es fand zu Ehren Bullingers statt, sollte aber den Teilnehmenden auch Ideen für Feiern in den Gemeinden geben. Der Initiator und liturgische Leiter des Anlasses berichtet.

Thomas Bornhauser

DER RAHMEN

Das Fest unter dem Titel „Heilige Alltäglichkeit – Ein Feiermahl mit Heinrich Bullinger" war eine sehr aufwändige liturgische Mahlzeit von insgesamt über fünf Stunden Dauer. Beteiligt waren zehn Liturgen und Liturginnen und ein professionelles Küchenteam; die Elemente der Feier sind aber gut adaptierbar für einfachere Anlässe in der Gemeinde. Das Feiermahl zu Heinrich Bullingers 500. Geburtstag gab Gelegenheit, einen Aspekt in den Mittelpunkt zu stellen, der beim Essen im kirchlichen Kontext von Bedeutung ist: dass das Alltägliche heilig und das Heilige alltäglich ist. (Die Figur Bullinger eignete sich sehr gut, um dies deutlich zu machen.) Die Feier zu Ehren des aus dem heutigen Aargau stammenden Reformators fand an einem Samstagabend im August 2004 statt. Das Tagungshaus Rügel verfügt über eine Aula mit über hundert und ein Restaurant mit achtzig Plätzen sowie eine leistungsfähige Küche und Servicepersonal. Hier ein Auszug aus der Ausschreibung:

„Feiern Sie mit uns auf sinnliche Art das Bullinger-Jubiläum! Ab 17 Uhr kann die Bullinger-Wanderausstellung in den Rügel-Räumen besucht werden, um 18 Uhr beginnt der feierliche Teil in der Aula mit Musik, Texten und überraschenden Elementen, um 19 Uhr geniessen wir ein Festessen im Speisesaal. Das Feiermahl ist Modell für einen Typus von Gemeindeanlass, wie er da und dort schon erprobt wird: ganzheitlich, menschennah. Mit seinem Sättigungsmahl steht es in der Tradition der altkirchlichen „Agapen" und entwickelt sie weiter. Eingeladen sind alle, die gerne feiern und sich an diesem Tag etwas Gutes gönnen möchten. Menschen, die sich für neue Veranstaltungsformen interessieren, erhalten hier Anregungen."

Der Eintritt kostete Fr. 45.– pro Person (ein Betrag, der die Kosten nicht decken musste). Der Anlass war kurz nach der Ausschreibung ausverkauft.

ZUM INHALT

In den Begrüssungsworten hiess es: „Unser Feiermahl enthält viele gottesdienstliche Elemente, aber alle in einer bodennahen Form, der man vielleicht fast nicht mehr ansieht, dass sie liturgisch ist. Das ist gut reformatorisch. Die Reformatoren haben die ‚heilige Alltäglichkeit' gelehrt: Das Alltägliche ist heilig, das Heilige ist eingebunden in den Alltag. Das hat auch Heinrich Bullinger so vertreten. Er hat sich in seine Zeit und ihren Alltag eingemischt. Und er würde sich sicher auch heute einmischen. Was hätte er wohl heute zu sagen?"

Kurz darauf trat Bullinger selber auf und sprach über das Verhältnis von Religion und Politik. Zwischen seinen Voten sangen die Anwesenden aus dem Festheft das Lied RG 672 („Wir danken Gott ..."). Es folgte ein fünfminütiges Gespräch im Publikum (jeweils mit dem Sitznachbarn) über das, was einem an der aktuellen Politik nicht passt und was die Kirche den Politikern oder den Führern der Wirtschaft sagen müsste. Das Besprochene wurde unter Anleitung des Klarinettisten zu einer Sprechmotette umformuliert. Den Text für diese Motette kreierten die Teilnehmenden selber aus dem, was sie bei einer Demonstration auf ihr Transparent schreiben würden. Die Motette bestand darin, dass alle ihre Slogans in unterschiedlichem Rhythmus und unterschiedlicher Verteilung skandierten, was einen faszinierenden Klangteppich ergab.

Nach einem im Chor vorgetragenen Pamphlet von Bullinger („Ja, mischt euch ein!") wurde das Lied RG 811 („Wir wolln uns gerne wagen ...") gesungen. Danach wechselten die Teilnehmenden zu den Klängen von Instrumentalmusik, die in den Kanon RG 640 („Was wir brauchen gibt uns Gott ...") mündeten, den Raum. Am Eingang zum Speisesaal standen zwei Personen, die mit Wasserkrug, Becken und Handtuch ein Händewaschritual anboten.

Eine Lesung[1] eröffnete den zweiten Teil des Abends. Zur Einführung hiess es dann: „Liebe Gäste! In der Alltagswelt, im gemeinsamen Essen, ist uns Gott zum Greifen nahe. Das wollen wir jetzt feiern. Willkommen zum zweiten Teil unseres Feiermahls. Es wird ein festliches Essen sein, ergänzt

---

[1]   Klaus Berger, Manna, Mehl und Sauerteig, Stuttgart 1993, 139.

mit einigen liturgischen Einschüben. Was Sie eben gehört haben, war eine Lesung aus einem Buch von Klaus Berger. Diese Lesung geht noch weiter."[2] Es folgten das Ritual des Brotteilens und ein Trinkspruch: „Wenn wir Brot teilen, werden wir von Gottes Hand berührt. Ich bitte Sie, von dem Brot auf Ihren Tischen abzubrechen und Ihrem Nachbarn, Ihrer Nachbarin davon zu geben. Aber essen sie das Brot noch nicht – wir werden es nachher zum Salat essen. Bitte schenken Sie sich ein, was Sie trinken möchten. Es gibt auf den Tischen Wein, Traubensaft und Wasser. Ich bitte Sie, für das Tischlied (RG 640: ‚Was wir brauchen ...') und den anschliessenden Trinkspruch aufzustehen. Wir trinken auf den, der uns alle guten Gaben gibt. Nach alter Tradition machen wir das mit Worten nach Psalm 104: Wir loben Gott, der Gras sprossen lässt für das Vieh und Saatgrün für die Feldarbeit des Menschen, damit Brot aus der Erde hervorgehe und Wein, zu erfreuen des Menschen Herz, damit das Antlitz leuchte von Öl, und Brot des Menschen Herz stärke. Amen. – Zum Wohl!"

Darauf wurde der Salat serviert. Nach einer weiteren Lesung wurde zum Hauptgang übergeleitet:[3] „Es ist jetzt dunkel genug, um Kerzen anzuzünden. Denken Sie doch daran, wenn Sie sie anschauen, dass ‚heilige Alltäglichkeit' auch bedeutet, dass auf alltägliche Sachen wie die auf dem Esstisch ein göttliches Licht fällt. Darf ich jemanden an jedem Tisch bitten, die Kerzen anzuzünden? Und dann: Guten Appetit zum zweiten Gang." Klarinetten- und Lautenmusik begleitete den Hauptgang. Danach wurde ein Wettbewerb mit Fragen zu Bullinger veranstaltet, dazu wurde ein Dessert mit Kaffee und „Bullingerli" (ein vom Rügel-Koch kreiertes Gebäck) gereicht. Da solche Anlässe traditionell auch einen karitativen Aspekt haben, gab es auch eine Kollekte: „Früher sagte man dazu Agape, also Liebesmahl. Das heisst, man wollte die Bedürftigen nicht vergessen." Ein Lied (Kombination von RG 340 und 341: „Lasst uns lobsingen ..."; „Dank sei dir, Vater ...") beschloss den Abend, nachdem allen Beteiligten gedankt und ein „Segen" weitergereicht worden war: „Wir möchten Sie als Gesegnete entlassen. Aber ein traditioneller Segen wie in der Kirche wäre etwas fehl am Platz. Auch unser Segen hier soll alltäglich sein. Was heisst denn Segen? Es heisst, dass wir beschenkt werden, ohne dass wir es verdienen. Wenn Sie nun also hinausgehen, bekommen Sie ein Säcklein mit Bullingerli drin. Das ist der Preis für den Wettbewerb. Unabhängig davon, wie viele Fragen Sie richtig beantwortet haben, bekommen Sie alle ein solches Säcklein mit nach Hause. Sie werden beschenkt, ob Sie es

---

[2] A. a. O. 140.

[3] Aus Manfred Josuttis / Gerhard Marcel Martin (Hrsg.): Das heilige Essen. Kulturwissenschaftliche Beiträge zum Verständnis des Abendmahls. Stuttgart 1980, 52.

verdienen oder nicht. Es soll Sie daran erinnern, dass wir alle Gesegnete sind." Musik begleitete die Gäste auf dem Weg aus dem Saal.

WAHRNEHMUNGEN

Fachleute, die an der Feier teilnahmen, haben anschliessend Auskunft gegeben über ihre Eindrücke. Wir geben hier einige davon wieder, weil aus ihnen Kriterien für jede Feier, nicht nur die vorliegende, abgeleitet werden können.

Die *Pfarrerin Marianne Reifers* schreibt: „Die Sprache war entgegenkommend. Sie hat auf die Menschen Rücksicht genommen, die da waren. Sie hat sie angesprochen und war nahe bei ihnen, also vertraut. Gleichzeitig war sie die Sprache der Sprechenden. Nie wirkte sie aufgesetzt oder gestelzt oder anbiedernd. Der Gastgeber ist auch in seinem Sprachgebrauch Gastgeber gewesen und nicht verkappter Lehrer, Prediger oder Priester. Wie wir ‚Feiermahl' oder ‚heilige Alltäglichkeit' in eine Mundartform bringen, daran müssten wir noch feilen. Die Sprache der Texte war bilderreich und zum Thema passend. Das Essen hat dieselbe Sprache geredet.

Die Gesten waren so natürlich wie die Menschen. Aber: Ob das Heilige nicht spezielle Gesten nötig hätte, die ihm einen Raum öffnen, damit es bewusst werden kann? Ob das Heilige für unser Herz stark genug ist, ohne Nachhilfe in die Nähe zu kommen?

An Ritualen benenne ich zunächst die Handwaschung. Zwei Frauen haben am Eingang zum Esssaal aus grossen Krügen den Gästen Wasser über die Hände gegossen. Tücher zum Trocknen waren da. Es wurde auch die Freiheit gelassen, diesem Ritual auszuweichen (für manche vielleicht nötig). Ich habe es als liebevolle Zuwendung begriffen, die mir zuteilwurde, und habe mich so eingestimmt auf ein liebevolles Mahl.

Das Brotbrechen ist ein allen bekanntes Ritual, sehr schlicht eingeführt mit dem Hinweis, es erst zusammen mit dem Salat zu essen. Mit diesem Zusatz ist das Heilige aus dem Brot gesprungen, es ist vor dem Salat davongerannt und hat sich versteckt. Schade! Aber auch ein Hinweis für alle, wie störungsanfällig das Heilige ist! Tiefe Ruhe, Schweigen, ernsthaftes Tun und Teilen hätten hier einen Einstieg gegeben, der auf das ganze Mahl hätte ausstrahlen können und es unterschieden hätte vom Gewöhnlichen.

Weil es im Restaurant so üblich ist, die Kerzen am Anfang des Essens anzuzünden, haben wir das an unserem Tisch auch so gemacht. Wir fühlten uns ein wenig beschämt, als wir merkten, dass wir vorgegriffen hatten. Das Licht erst anzuzünden, wenn es dunkel wird, ist logisch und auch reformiert. Rituale machen nur Sinn, wenn sie auch logisch sind. Aber: Brennen Gottes Lampen nicht am Tage? Und ist Gott nicht auch im Glück gegenwärtig? Also keine Scham!

Die Kollekte wurde engagiert eingeführt. Dabei kam keine krämerische Stimmung auf im Sinn: Jetzt erwarten die also noch einen Beitrag! Die Ansagerin und der Gastgeber blieben fröhlich und unbeschwert bis witzig, so dass die Geldbeutel fast von selbst aufgesprungen sind.

‚Mir wird unverdienterweise Gutes getan!' Zum Zeichen des Segens erhielten alle ein ganzes Päckli Bullingerli zum Abschied. Segen wurde sichtbar gemacht. Es war auch ein Denkanstoss: Was ist Segen? Ist er wirklich so handgreiflich? Oder sind wir Heutigen angewiesen auf Handgreifliches? Vertrauen wir noch auf eine Zusage ohne materielle Absicherung? Oder umgekehrt: Haben wir vergessen, dass wir in unserem Alltag reichlich Gesegnete sind?"

Die *Kirchenmusikerin Verena Friedrich* hörte kritisch auf die musikalischen Beiträge: „Durch die Instrumentenwahl wurde der Spagat von der Reformationszeit bis in die Gegenwart gewagt: Saiteninstrumente wie Theorbe (eine Basslaute) und Gitarre sorgten für das stimmige Fundament, auf dem sich die Klarinettenklänge entfalten konnten. Der Klarinettist holte mit seinem Instrument die Gäste vom Apéro ab und begleitete sie in die Aula – eine Reminiszenz daran, dass das Eingangsspiel eigentlich eine Prozessionsmusik wäre. Dabei wurden die Gäste improvisatorisch auf die Lieder der kommenden Feier eingestimmt. Musikalisch kompetent begleiteten die beiden Musiker die Lieder durch die Feier. Charakteristisch für eine Insider-Veranstaltung wie dieses Feiermahl ist: Fast alles, was man ausprobiert, wird gelingen. Aber das heisst noch lange nicht, dass es auch im Gemeindegottesdienst angebracht ist. Oder würden Sie in Ihrer Gemeinde ad hoc eine mehrchörige Sprechmotette mit Ihren Gästen erarbeiten? Deshalb war es in diesem experimentierfreudigen Kontext keine Selbstverständlichkeit, dass ausschliesslich auf Lieder aus dem RG zurückgegriffen wurde. Gerade aber der Wechsel von Vertrautem, Neuem, Vertrautem in neuer Form und Neuem in vertrauter Gestalt vermittelte das Gefühl des gemeinsam Feierns.

Die musikalische Gestaltung hat einige meiner Theorien bestätigt: Es braucht auch in experimentellen Gottesdiensten Säulen der Beständigkeit. In unserem Falle waren es die Gesangbuchlieder, welche sich wie ein roter Faden durch die Liturgie zogen, sei es improvisatorisch mit der Klarinette oder ein- und mehrstimmig gesungen durch die Gemeinde. Es ist ein Trugschluss, zu glauben, dass es ausschliesslich ‚neue' Lieder sind, welche einen ‚neuen' Gottesdienst ausmachen. Vertraute Melodien lassen die Gemeinde am Geschehen aktiv teilnehmen und degradieren sie nicht auf die Zuschauerrolle.

Es braucht für viele Liedformen eine (sichtbare) Person, welche die Gemeinde zum Singen anleitet.

Musikalische Experimente können nur mit Profis durchgeführt werden, welche auch Herzblut in der Sache haben und nicht einfach nur ihren Job erledigen.

Es braucht keine Band, um die Gemeinde zu erreichen. Traditionelle akustische Instrumente wie Klarinette oder Gitarre oder – in einer Kirche – die Orgel können, vorausgesetzt, sie werden entsprechend eingesetzt, die Feier berührend gestalten.

Die Musiker müssen unbedingt in die Vorbereitung mit einbezogen werden. Nur so können sie ihre Ideen rechtzeitig einbringen und wissen auch, worum es geht.

In der musikalischen Gestaltung des Feiermahles wurde gekonnt mit ‚anderen' musikalischen Mitteln – mit anderen Instrumenten und anderen Formen – experimentiert. Dabei wurden aber die Gäste einbezogen, so dass eine gemeinsame Feierstunde entstand."

PRAKTISCHES

Ein Anlass dieser Art stellt hohe Anforderungen an Küche und Service. Die *Leiterin des Gastrobetriebs, Christine Albrecht,* schildert hier ihre Erfahrungen: „Als uns das Vorhaben unterbreitet wurde, tauchten erst einmal viele Fragen auf: Was ist denn ein Feiermahl, wer war Herr Bullinger, wo im zeitlichen Ablauf des Festes soll das Mahl sein, wie viel Zeit darf das Essen beanspruchen, soll das Essen dem Thema angepasst sein, wie authentisch soll/kann es sein, gibt es Aktivitäten zwischen den Gängen, werden die Gäste bedient oder ist ein Buffet passender oder eventuell Marktstände, was darf das Bankett kosten? Wir entschieden uns, die Speisen der Zeit Bullingers anzupassen, das Restaurant wurde jedoch nicht aufwändig dekoriert. Glücklicherweise stehen uns im Tagungshaus mehrere Räume zur Verfügung. Findet ein solcher Anlass in nur einem Raum statt, und möchte man das Essen zwischen oder am Schluss der Feier reichen, dann müsste bereits zu Beginn aufgedeckt sein (was störend sein kann), oder es wäre eine längere Pause für das Herrichten der Tische nötig (für achtzig Personen wie in unserem Fall). Bei der Wahl des Menus leiteten uns folgende Überlegungen: Möglichst alle Gäste sollen das Essen geniessen können (es darf darum nicht zu exotisch sein); wir möchten auch fürs Auge ein schönes Menu präsentieren. Damit wir vor Überraschungen sicher waren, haben wir ein Testmenu zubereitet, das sofort Zustimmung fand.

Zwischen den Gängen wurden Musik- und Sprechbeiträge dargeboten. Dies bedingte Planung mit der Küche und Absprache mit dem Regisseur des

Abends während des Banketts. Es wurde bedienter Tellerservice gewählt, einerseits weil das Mahl festlich sein sollte, aber auch aus Zeit- und Platzgründen. Besondere Beachtung galt dem Brot und dem Wein. Auf jeden Tisch wurde ein Laib Kernenbrot zum Abbrechen gelegt und eine Steingutkaraffe mit Wein gestellt. Das ist schön, jedoch kann das etwas viel Reste geben, besonders wenn nicht sehr viele Gäste an einem Tisch sitzen (in unserem Fall sechs bis acht Personen).

Es waren drei bis vier Servicemitarbeiterinnen im Einsatz, ein Koch und kurzfristig zwei Personen zum Anrichten des Hauptganges. Wir hatten überlegt, ob sie in mittelalterlichen Kleidern arbeiten sollten – schlussendlich blieb es dann bei einem lustigen, zur Servicekleidung passenden Kopftüchlein.

Bilanz: Ein Anlass zu einem besonderen Thema ist spannend zu planen und durchzuführen, aber auch zeitaufwändig."

LITERATUR

Berger, Klaus: Manna, Mehl und Sauerteig. Stuttgart 1993.

Josuttis, Manfred / Martin, Gerhard Marcel (Hrsg.): Das heilige Essen. Kulturwissenschaftliche Beiträge zum Verständnis des Abendmahls. Stuttgart 1980.

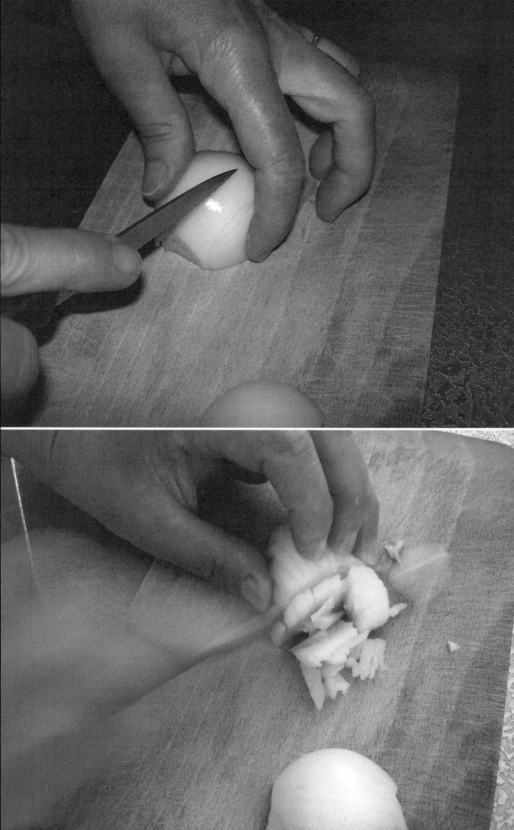

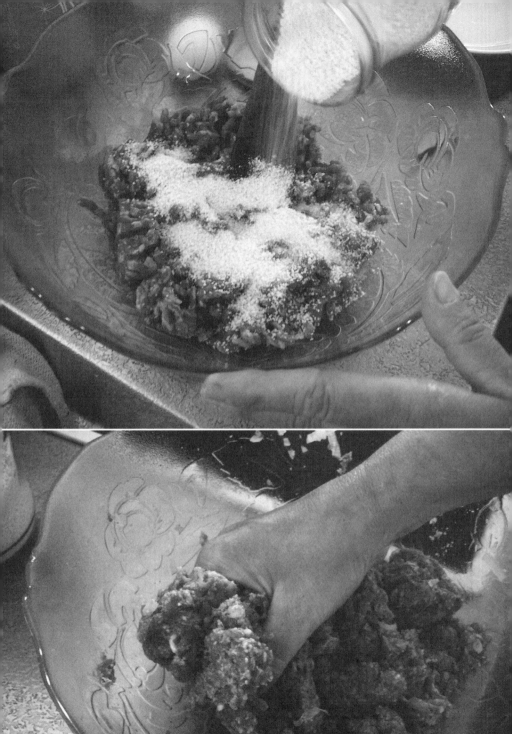

Reinach – Leimbach: Feierstunde mit Gemeinschaftsmahl

Der Pfarrer aus einer der Gemeinden, die sich vom „Feiermahl" zu eigenen Anlässen inspirieren liessen, berichtet über seine Erfahrungen.

Norbert Kobler

„Mehr essen beim Abendmahl ... und mehr beten beim Essen!" Unter diesem Titel hat Dorothee Sölle beim Katholikentag in Hamburg 2000 eine Predigt gehalten. Sie plädierte damals dafür, dass die Eucharistie bzw. das Abendmahl sich wieder mit seinem Ursprung im jüdischen Gemeinschaftsmahl verbindet. „Es ist ein Mahl zum Sattwerden und nicht nur eine Symbolhandlung."

Mit diesem Plädoyer für „richtige" Mahlzeiten hat mir Dorothee Sölle aus dem Herzen gesprochen. Die häufige Unzufriedenheit beim Feiern des Abendmahls war für mich einer der Gründe, einmal eine andere Mahlfeier zu gestalten. Zusammen mit einer Vorbereitungsgruppe wollte ich ein wirkliches Essen anbieten, eines, das die Sinne anregt und die Teilnehmenden sättigt. Ebenso sollte es eine Möglichkeit sein, Gemeinschaft zu erleben und sich auszutauschen. Wir waren überzeugt, mit diesem Angebot andere Menschen als die sonntäglichen Gottesdienstbesuchenden ansprechen zu können. Wir dachten an Menschen, denen der Schritt in ein Kirchengebäude sonst eher schwerfällt, die aber trotzdem am Leben der Kirchgemeinde interessiert sind. Das Ganze war ein Experiment. Wir waren motiviert und inspiriert vom Feiermahl auf dem Rügel, das wir damals mit einer grossen Gruppe aus der Kirchgemeinde besucht hatten und das uns sehr gefallen hatte.

In der Vorbereitungsphase war einer der zentralen Entscheide, welche Art von Essen wir bereitstellen wollten: Sollte es ein fein abgestimmtes Mehrgang-Menu sein oder eher eine „Teilete" (an die alle Teilnehmenden etwas zum Teilen mitbringen)? Schliesslich haben wir uns auf die „Teilete" geeinigt. Ein wichtiges Argument dafür war, dass unser Kirchgemeindehaus zwar einen schönen Saal, aber nur eine kleine Küche hat. Für ein mehrgängiges Essen hätten wir auf ein Catering-Unternehmen zurückgreifen müssen.

Das stärkste Argument, das für die „Teilete" sprach, waren wertvolle Erfahrungen, die wir schon mit dieser Form von Mahlzeit gemacht hatten. Es kommt praktisch nicht vor, dass zu wenig Nahrungsmittel vorhanden sind. Das ist auch theologisch höchst bedeutungsvoll!

In der Vorbereitungsphase haben wir uns auf das Unverfügbare eingelassen: Wir haben keine Anmeldung verlangt. Damit wollten wir den Teilnehmenden die Möglichkeit geben, sich sehr spontan für die Feierstunde zu entscheiden. Thema des Abends war das Brot und seine Bedeutung für uns Menschen, insbesondere für uns als Christen und Christinnen. In der Vorbereitungsgruppe hatten wir dazu Ideen gesammelt. Wir suchten auch Personen, welche die Feier kulturell mitgestalten würden. Schliesslich konnten wir ein Flöten-Ensemble und eine Geschichtenerzählerin aus unserer Region für den Abend gewinnen. Für mich als theologischen Leiter war wichtig, dass bei der Feierstunde der Brotsegen und das gemeinsame Brot-Teilen einen zentralen Platz einnehmen würden. Es sind für mich wichtige Symbole, denn sie verweisen uns einerseits auf Gott als den ursprünglichen Geber unserer Nahrung, andererseits zeigt sich beim Brot-Teilen, dass auch wir aufeinander bezogen sind und voneinander leben.

Inspirierend fand ich die Lektüre von Klaus Bergers Buch „Manna, Mehl und Sauerteig. Korn und Brot im Alltag der frühen Christen". Dank ihm kam ich auf die Idee, das Brotbrechen mit einem kurzen Input zum Thema „Wie das Brotbrechen zum Kennzeichen der ersten Christen wurde" einzuführen. Denn ich fand es sehr bedenkenswert, dass man in der Antike von den Christen als denjenigen Menschen sprach, die miteinander Brot brechen. Dieser Ausdruck war in seiner Bedeutung auch nicht verengt auf Eucharistiefeiern, sondern bezeichnete allgemein die christlichen Zusammenkünfte. Ist das nicht Anstoss genug, auch heutzutage dem Essen einen höheren Stellenwert im Rahmen des christlichen Glaubens zu geben?

Der Abend begann mit einem Brotbrechen. Wir hatten bei einem Bäcker ungefähr zehn verschiedene Brotsorten bestellt, so dass das Brot in seiner Verschiedenheit wahrgenommen werden konnte. Es war ein Genuss!

Während des Essens, aber auch sonst zwischen einzelnen Programmpunkten, verwöhnte uns das Flöten-Ensemble mit Tafelmusik und anderen Musikstücken. Dies ergab eine festliche Stimmung. Ebenfalls grosse Begeisterung erntete die Geschichtenerzählerin. Sie hatte zwei Märchen ausgesucht, die mit Brot zu tun haben, und trug diese eindrücklich vor.

Damit der Abend nicht nur vom Konsum lebte, sondern auch Möglichkeiten bot, selber aktiv zu werden, hatte meine Frau eine Foto-Langage zum Thema „Der Mensch lebt nicht vom Brot allein" gestaltet. Auf Tischen wurden Bilder ausgestellt, die zeigten, wovon einzelne Menschen leben (Sport, Tanz, Spiel usw.). Wenn sie wollten, konnten die Teilnehmenden dazu auch ihre eigenen Gedanken formulieren.

Anschliessend durften wir uns am Dessert-Buffet bedienen, auf dem wiederum viele feine mitgebrachte Gaben standen.

Rückblickend fällt mir auf, wie wichtig bei so einem Anlass ist, dass der Raum einladend wirkt. Die Tische hatten wir in Blöcke aufgeteilt, so dass man gut miteinander sprechen konnte. Besonders eindrücklich war die Dekoration, die eine professionelle Floristin für uns freiwillig bereitstellte. Allein dies lud ein, sich hinzusetzen.

Trotz des gelungenen Abends und der herzlichen Atmosphäre haben wir ein Ziel nicht erreicht: Wir sprachen mit dem Angebot nicht neue Leute an. Diese Tatsache führen wir von der Vorbereitungsgruppe vor allem auf die Art der Mahlzeit zurück. Eine „Teilete" setzt voraus, dass man sich etwas näher kennt. Schliesslich offenbart man mit dem, was man mitbringt, auch etwas von sich selbst. Anderseits hat gerade die „Teilete" unserer Meinung nach massgeblich zur Atmosphäre des Abends beigetragen. Dieser Aspekt überwog dann auch bei der Evaluation. Wir werden jedoch beim nächsten Mal mit Anmeldungen arbeiten. Auf dem Anmeldetalon wird man ankreuzen können, ob man etwas zum Essen mitbringen oder einen finanziellen Beitrag leisten möchte.

Glarus-Riedern: „Himmlische Gaumenfreuden" – Die Bibel auf der Zunge zergehen lassen

Es gibt auch sehr originelle kulinarische Anlässe im kirchlichen Kontext. Sie bedürfen einer sorgfältigen Dramaturgie, selbst wenn man ihnen den liturgischen Charakter kaum ansieht. Hier ein Beispiel aus dem Glarnerland.

Aline Kellenberger

Bei den „Himmlischen Gaumenfreuden" handelt es sich um Bibel-Kochabende, an denen beim gemeinsamen Essen und Trinken die Bibel mit allen Sinnen erlebbar wird. Da ich über keine Grossküche verfüge, lasse ich die Teilnehmenden nicht selber kochen (das wäre unter Umständen durchaus denkbar), sondern ich koche, während eine Freundin mit dem Service betraut ist. Im Durchschnitt sind es fünf bis sechs Gänge für 25 Personen. Der Aufwand ist ziemlich gross (mindestens 20 Vorbereitungsstunden), aber er ist es – den vielen begeisterten Rückmeldungen nach zu urteilen – allemal wert. Jeder Abend steht dabei unter einem bestimmten Thema, sei dies ein Lebensmittel, dem durch die Bibel hindurch nachgegangen wird (z. B. das Brot oder der Fisch), oder ein biblisches Buch oder Testament. Die Ausschreibung erfolgt jeweils zwei Monate vorher im örtlichen Kirchenblatt und ist mit den genauen Angaben, den Kosten pro Person und einem Anmeldetalon versehen.

Wer die Bibel aufschlägt, wird feststellen, dass an auffällig vielen Stellen gegessen und getrunken wird (auch wenn Asketen und Kostverächter im Laufe der Kirchengeschichte geflissentlich über solche Stellen hinweggelesen haben). Allenthalben wird da gegessen und getrunken: Abrahams Bewirtung der drei Fremden, das Linsengericht, mit dem sich Jakob das Erstgeborenenrecht Esaus erkauft hat, die wundersame Speisung des Gottesvolkes in der Wüste, die opulenten Festmähler am Hof König Salomos, die Tischgemeinschaft Jesu mit Sündern und Zöllnern. Und doch ging es in all diesen Geschichten niemals nur ums Essen als reine Bedürfnisbefriedigung. Essen war schon damals mehr, nämlich gesellschaftliches wie gemeinschaftsstiftendes Ereignis, ja sogar Ort der Offenbarung Gottes, ebenso wie Vorgeschmack auf das ewige himmlische Mahl.

Diese Überlegungen haben mich darin bestärkt, eine Erwachsenenveranstaltung mit dem Titel „Himmlische Gaumenfreuden" zu kreieren. Es sind dies ein bis zwei Abende im Jahr, an denen sich alles ums Essen und die Bibel dreht. Der Idee zum Gelingen verholfen hat nicht zuletzt auch die wachsende Zahl von Bibel-Kochbüchern, die es sich – mal einfallsreicher, mal weniger – zum Ziel gemacht haben, den Menschen von heute auf kulinarische Weise an die Bibel heranzu(ver-)führen. Um „biblisch" zu kochen, braucht es nebst den Bibel-Kochbüchern eine gute Portion Fantasie. Denn es geht nicht darum, möglichst authentisch zu kochen, sondern darum, die biblischen Geschichten neu „anzurichten". A und O dieser Abende sind eine frühzeitige und detaillierte Vorbereitung und ein eingespieltes Team. Die Preise inklusive Wein bewegen sich für ein 5–6-Gang-Menu zwischen fünfzig und sechzig Franken pro Person, dann sind sie kostendeckend.

Am Abend selbst heisse ich die Teilnehmenden mit einem Apéro willkommen. Nach einer kurzen Einführung ins Thema verteile ich die jedes Mal mit Spannung erwarteten Menukarten, bevor ich dann zu Tisch bitte. Es hat sich bewährt, jeweils zwischen den einzelnen Gängen kleinere, auch humorvolle Redeeinheiten einzubauen und die Gäste damit auf den jeweils folgenden Gang einzustimmen.

LITERATUR

Landis, Eve: Von himmlischen und irdischen Köstlichkeiten. Rezepte für Leib und Seele. Ein Kochbuch rund um die Propstei St. Gerold im Gr. Walsertal, Österreich. Meilen 1996.

Dies.: Wohl bekomm's. Köstliches aus der Kapuzinerküche. Meilen 2002.

Nichtweiss, Barbara (Hrsg.): Kulinarisch durchs christliche Leben. Ein kleiner Jahresbegleiter durch Kirche und Küche. Mainz [3]1998.

Paczensky, Gert von / Dünnebier, Anna: Kulturgeschichte des Essens und Trinkens. München 1994.

Rätsch, Hartmut E.: Manna & Co. Kochen mit biblischen Geschichten. Hannover / Hamburg 2004.

Schmitt, Eleonore: Bibelkochbuch. Koch- und Lesebuch zum Alten und Neuen Testament. Steyer [7]1999.

Seengen: Erfahrungen mit besonderen Gottesdiensten

Auch im Alltagsleben von reformierten Kirchgemeinden wird immer wieder gemeinsam gegessen und getrunken. Viele solche Anlässe gleichen sich. Stellvertretend berichtet ein Dorfpfarrer aus dem Aargau über solch „gewöhnliche", aber auch über spezielle Anlässe.

Paul Bopp

Die Regelgottesdienste waren in meiner Jugendzeit in unserer Landgemeinde noch sehr gut besucht. Dennoch bemängelten wir Jungen das dürftige Gemeinschaftserlebnis (anders als in der Jugendgruppe, mit der wir an Abenden und in Lagern Abendmahl, verbunden mit einem Sättigungsmahl, feierten). Diese grundsätzliche Unzufriedenheit mit dem reformierten Regelgottesdienst habe ich in meine Pfarrertätigkeit mitgenommen. Es galt, Ideen zu entwickeln, wie mehr Gemeinschaft ermöglicht werden konnte. Hier vier Beispiele:

Brot für alle-Gottesdienste mit anschliessendem Mittagessen sind weit verbreitet. Es werden viele Gemeindeglieder in die Gestaltung des Gottesdienstes, des Essens, der Dekoration mit einbezogen. Von den Gemeindegliedern wird das sehr geschätzt, es gibt ein intensives Gemeinschaftserlebnis.

Der Kirchenkaffee nach dem Gottesdienst ist schon seit Jahren beliebt und in vielen Gemeinden üblich. Er hat an Attraktivität verloren. Die neue Form als „Apéro" soll die Beliebtheit wieder steigern.

Eine gute Erfahrung haben wir mit einer Gedächtnisfeier gemacht. Diese Feier ist ein Gottesdienst im Herbst zum Gedenken an die im zurückliegenden Jahr Verstorbenen. Wir bieten nach der Feier zwar nur einen Kaffee mit Gipfeli an. Aber die „Schicksalsgemeinschaft" ruft geradezu nach einem vertieften und doch lockeren „Nachher". Die Besucher schätzen dies, und manch einem Gemeindeglied gibt es die Gelegenheit, nach dem Befinden eines Trauernden zu fragen.

Die Matinée am Sonntagmorgen hat folgendes Muster:

09.30 – 10.15 Uhr	Gottesdienst im Kirchge-meindehaus an „gedeckten" Tischen	Pfarrer und Chor ge-stalten den Gottesdienst mit der Gemeinde.
10.30 – 11.30 Uhr	Brunch	von Mitgliedern des Chores bereitgestellt
11.30 – 12.00 Uhr	Konzert	von Chor und Instru-mentalisten

Diese Veranstaltungen waren für mich und die Gemeindeglieder sehr befriedigend. Als Pfarrer war es mir möglich, dadurch neue liturgische Verbindungen zwischen Gottesdienst, Essen und Musik zu schaffen.

Oberentfelden: Gemeinsames Mittagessen als Element des Gottesdienstes: 11vor11

Mitunter drängt es sich geradezu auf, den Gottesdienst mit einem gemeinsamen Essen zu verbinden. Dies ist dann der Fall, wenn Teamgeist und gemeinsames Anpacken den Anlass von Anfang an bestimmen.

Andreas Wahlen

Seit dem Frühjahr 2004 gibt es in der reformierten Kirche Oberentfelden ein neues Gottesdienstformat: den 11vor11. Dieser Gottesdienst findet acht Mal pro Jahr statt; er möchte die Zielgruppe „Kircheninteressierte und -distanzierte zwischen 25 und 50 Jahren" ansprechen. Um diese Zielgruppe zu erreichen, beginnt der Gottesdienst in der speziell geschmückten Kirche erst um 11vor11 (ausschlafen!). Eine Band (elektrische Gitarre, Keyboard, Bass, Schlagzeug, Vocals) spielt moderne Lieder, deren Texte mit drei Beamern projiziert werden, eine Theatergruppe bietet ein Anspiel zum Thema der Predigt, in welcher Fragen aus dem Alltag aufgegriffen werden. Die etwa achtzig Kinder sind am Anfang in der Kirche dabei und gehen danach zum speziellen Kinderprogramm, das wir inzwischen von zwei auf vier Altersgruppen erweitern mussten. Ebenfalls zum Konzept dieses Gottesdienstes gehört das gemeinsame Mittagessen im Kirchgemeindesaal.

Über sechzig Personen aus Oberentfelden sind auf der Liste der Mitarbeitenden. Der Gottesdienst soll keine Ein-Mann-Show sein. Die Kirche ist jeweils fast voll (ca. 250 Personen), die Hälfte der Gottesdienstbesucher bleibt nachher auch zum Essen. Da nicht alle im Saal Platz haben, muss auch auf das Unterrichtszimmer bzw. den Kirchplatz ausgewichen werden.

Das Mittagessen steht unter dem Motto „einfach und unkompliziert, aber gemütlich". Beim ersten Mal gab es eine feine Suppe mit Fleisch-Einlage, die wegen des unerwarteten Andrangs noch gestreckt werden musste. Beim zweiten Mal war eine Grillparty angesagt: Wer die Zeitung las und es sich einrichten konnte, brachte eine Schüssel Salat fürs Salat-Buffet oder ein Dessert fürs Dessert-Buffet und Fleisch für den Grill mit. Der Dorfmetzger lieh uns zwei leistungsfähige Grills, die von Freiwilligen bedient wurden. Es konnten auch noch zusätzlich Würste und Getränke gekauft werden.

Für die Kosten stellen wir ein Körbchen auf, in das jeder nach Ermessen etwas hineinlegen kann. Der Überschuss kommt auf ein Reservekonto.

Die Stimmung bei den Mittagessen ist sehr fröhlich. Es gibt viele gute Gespräche mit Leuten aus dem Dorf, die man zum Teil noch nie oder nur selten in der Kirche gesehen hat. Man setzt sich zur Mittagszeit an den gedeckten (und wunderschön verzierten) Tisch und kommt ins Gespräch. Dies schätzen gerade auch Alleinstehende. Die Kinder spielen bald einmal miteinander. Man hat die Wahl, ob man beim Abwaschen helfen möchte oder sich einmal verwöhnen lassen will. Um 13.30 Uhr lichten sich die Reihen. Man hat miteinander Gottesdienst und ein fröhliches Mahl gefeiert und hat erst noch fast den ganzen Sonntagnachmittag vor sich.

UMSETZUNGSTIPPS

Der Grundsatz für das Essen beim 11vor11 hat sich bewährt: einfach und unkompliziert. Je einfacher eine Mahlzeit ist, desto unbeschwerter sind auch die Kontakte untereinander und desto spontaner melden sich Leute zur Mitarbeit. Jemand meinte, dass nicht diejenigen, die schon den ganzen Morgen in der Küche standen, auch noch den Abwasch erledigen sollten. Das hat sich bewährt, Freiwillige haben sich genug gemeldet.

Zu Beginn hatte ich ein paar Frauen angefragt, ob sie mithelfen würden. Ich wusste bereits, dass sie gerne kochen und die Gabe der Gastfreundschaft haben. Gabenorientierte Mitarbeiterschaft ist die Grundlage für den ganzen 11vor11-Gottesdienst. Es soll niemand einen „Job" ausführen, der nicht dazu begabt ist und nicht mit Freude dabei ist, nur weil es eben gerade jemanden braucht dafür.

Das Team versucht, den Raum einladend, wenn möglich in Übereinstimmung mit dem jeweiligen 11vor11-Thema, zu gestalten. Die liebevolle Tischdekoration zeigt den Leuten, dass sie willkommen sind. Es empfiehlt sich nicht, Tische blockweise anzuordnen, da wegen der grossen Distanz zum Gegenüber kein Gespräch aufkommen kann. Besser ist es, die Tische in langen Reihen oder einzeln aufzustellen.

Menuvorschläge: Wir haben die Erfahrung gemacht, dass die Leute keine hohen Erwartungen haben und vor allem die gute Gemeinschaft schätzen. Daher reicht ein einfaches Essen durchaus (Spaghetti, Grillplausch, Suppe, Pellkartoffeln, Salat-Buffet, Risotto). Das Küchenteam hat es jeweils so eingerichtet, dass es auch am Gottesdienst teilnehmen konnte und bloss etwas früher hinausgehen musste.

Was häufig vergessen geht und mir doch wesentlich scheint, ist das Gebet. Der ganze 11vor11-Gottesdienst (inkl. Mittagessen) wird von verschiedenen Gemeindegliedern im Gebet unterstützt. Wir sind gerade auch bei einem gross angelegten Mittagessen auf den Segen Gottes angewiesen.

LITERATUR

Douglass, Klaus: Gottes Liebe feiern. Aufbruch zum neuen Gottesdienst. Emmelsbüll / Rothrist 1998.

Schwarzenburg: Brunch-Gottesdienst im Evangelischen Gemeinschaftswerk

In pietistisch orientierten Kreisen liegt die Verbindung von liturgischer und alltäglicher Gemeinschaft besonders nahe. Hier wird das Essen im gottesdienstlichen Kontext zur Selbstverständlichkeit.

Paul Jeremias

Am ersten Sonntag des Monats (Ausnahmen: Ferien, besondere Anlässe) treffen wir uns um 10.00 Uhr zu einem Brunch-Gottesdienst. Wir möchten einen Gottesdienst anbieten, an dem viele Gaben eingesetzt werden können und zu dem Christen ihre Freunde und Bekannten, die dem Glauben eher fern stehen, gerne einladen. Diese Gottesdienste sollen farbig, fröhlich und feierlich sein.

Vorbereitet werden sie jeweils von einer Familie aus der Gemeinde. Im Turnus kommt jede Familie ungefähr einmal im Jahr dran. Die Gemeindeglieder bringen etwas zum Essen oder zum Trinken mit. Der Buffet-Tisch ist stets reich gedeckt. Wir organisieren nicht im Voraus, wer was mitbringt. Es hat immer von allem genug. In der Gestaltung der Gottesdienste sind die Familien frei. Es ist verblüffend, mit wie viel Kreativität die Feiern gestaltet werden. So kommt es vor, dass Vorschulkinder frisch-fröhlich die Begrüssung machen oder dass die ganze Familie ein kleines Orchester zusammenstellt. Die Verkündigung soll kindergerecht sein. Einmal wird eine Geschichte mit Hilfe von Folien erzählt, ein andermal wird eine Tonbildschau gezeigt oder ein kurzes Theater gespielt.

Elemente des Gottesdienstes:
- Eingangsspiel oder Lied
- Begrüssung
- Gesang (mehrere Lieder) und Gebet
- Verkündigung (Geschichte, Theater, Film, Bibliodrama etc.)
- Lied
- Gemeinsam Essen
- Vertiefung des Themas (ev. Kinder und Erwachsene getrennt; manchmal auch Input des Pfarrers)
- Lied
- Mitteilungen/Kollekte
- Segen
- Ausgangsspiel oder Lied

Unsere Erfahrungen sind sehr positiv. Vor allem die älteren Gemeindeglieder waren am Anfang recht skeptisch. Ihnen fehlte die Predigt! Die Menschen in Schwarzenburg sind in ihrer Art bedächtig, in ihrem Denken nüchtern, in ihren Lebensformen traditionsgebunden. Umso mehr freut es uns, dass diese Brunch-Gottesdienste im Vergleich mit den herkömmlichen Gottesdiensten besser besucht werden.

Zürich: Sakrales Essen – Essen als Sakrament in der Evangelisch-Methodistischen Kirche

Auch im urbanen Umfeld der Grossstadt erweisen sich Freikirchen oft als beweglicher als die Grosskirchen. Sie bringen Möglichkeiten auf den religiösen „Markt", von denen gelernt werden kann.

Christoph Schluep

Nicht zufällig basiert das zentrale Sakrament der Kirche, das Abendmahl, auf der Mahl- und Wortgemeinschaft, denn Essen ist ein eminent wichtiger Aspekt menschlichen Seins und menschlicher Gemeinschaft. Auch die Mahlgemeinschaften, die sich im Laufe der Kirchengeschichte um die grossen Feste (Weihnachten, Ostern, Pfingsten) gebildet haben, zeugen davon. Wenn die Kirche die Mahlgemeinschaft also vermehrt in ihr Blickfeld rückt und damit die traditionelle Reduktion auf das symbolhafte Essen überschreitet, dann tut sie etwas ganz Natürliches.

Die Evangelisch-Methodistische Kirche Zürich Vier hat verschiedene Modelle einer solchen kirchlichen Mahlgemeinschaft erarbeitet, von denen drei vorgestellt werden sollen.

DixMange! ist ein monatlicher Gottesdienst, an dem miteinander gefrühstückt wird, nicht aber vor oder nach dem Gottesdienst, sondern *als* Gottesdienst. Er findet zur gewohnten Gottesdienstzeit in der Kirche statt (gedeckte Tische statt Stühle oder Bänke), wird von einer immer gleichen Liturgie umrahmt (Begrüssung, Sammlung und Rückblick auf die vergangene Woche in der Stille, Gebet, Essen, Kurzpredigt, Stille, Gebet, Mitteilungen, Unservater, Segen) und musikalisch mit solistischen Beiträgen bereichert (Soloklavier, Jazz, Irish Folk, Bluegrass etc.). Der Gottesdienst findet also nicht nur in der Gemeinschaft des Hörens, Singens und Betens statt, sondern auch in der Gemeinschaft des Essens und Miteinander-Redens. Er ist bewusst niederschwellig gehalten (keine Lieder, kurze Predigt, keine hochliturgischen Formen), damit auch kirchenferne(re) Menschen, die durch das Essen einen neuen Zugang gefunden haben, diesen während des Gottesdienstes nicht wieder verlieren. Beim DixMange! handelt es sich also um eine überraschende Durchdringung von klassischer Spiritualität und Alltag.

Einmal wöchentlich findet ein gemeinsames Nachtessen statt, in dessen Verlauf das Abendmahl gefeiert wird. Als symbolischer Akt der Solidarität mit Menschen, die wenig zu essen haben, ist das Essen bewusst einfach gehalten: Brot und Suppe. Vor dem Essen, wenn der Tisch gedeckt ist, spricht jemand die Einsetzungsworte für das Brot; einer Stille oder einem

Gebet folgt das Brechen und Teilen: Jeder erhält vom Nachbarn und gibt seinem Nachbarn weiter. Dann wird die Suppe gegessen – die Stimmung wandelt sich zu der eines normalen Essens. Nach dem Essen werden die Einsetzungsworte für den Wein gesprochen, einer Stille folgt das Trinken und Weiterreichen. Ein Gebet schliesst den sakramentalen Teil des Mahls, die Teilnehmer bleiben noch eine Weile zusammen, reden, spülen das Geschirr und trennen sich wieder. In diesem Gemeinschaftsmahl wird das Abendmahl eine wöchentliche, ganz einfache und unspektakuläre Feier, die den Teilnehmenden gerade wegen ihrer Schlichtheit den sakramentalen Charakter des Essens überhaupt näherbringt. Es findet hier also eine „Veralltäglichung" des Sakraments statt.

Jeweils am Freitag bietet der sozialdiakonische Zweig der Gemeindearbeit einen Gassenzmittag an: Salat, Brot, Spaghetti, Getränk, Kaffee. Dem Essen gehen eine Begrüssung, ein Lied und ein kurzer Input voraus. Dieser Teil wird von den meist obdachlosen oder randständigen Menschen sehr geschätzt – es ist ihr Gottesdienst. Im Input wird versucht, das Evangelium der bedingungslosen Liebe anhand anschaulicher Bilder in meist narrativer Weise zu verkündigen. Damit erhält der Anlass einen spirituellen Charakter, der ihn deutlich von demjenigen einer „gewöhnlichen" Gassenküche unterscheidet. Dieser Charakter prägt das Essen so sehr, dass durchaus von Wort- und Mahlgemeinschaft im sakramentalen Sinn gesprochen werden kann. Es findet hier also eine Sakramentalisierung des Alltags statt.

Die drei Mahlfeiern haben eine unterschiedliche Funktion und ein unterschiedliches Publikum. Das Essen als Zentralelement erlaubt diese Unterschiedlichkeiten je nach den Bedürfnissen der Angesprochenen, es verlangt aber auch unbedingt danach. So wird das Essen, das die physische Bedürftigkeit der Menschen zum Ausdruck bringt, je und je zum Symbol der umfassenden und gnädig gewährenden Liebe Gottes für alle Menschen.

Zurzach: Mahl-Zeiten im Religionsunterricht

Das gemeinsame Essen braucht sich nicht auf gottesdienstliche Anlässe zu beschränken. Gerade im Kontext der Bildungsarbeit finden sich immer wieder Gelegenheiten, kleinere oder grössere Mahlzeiten einzubauen. Ein Diakon berichtet aus seiner Praxis.

Thomas Gautschi

In vielen Kirchgemeinden findet der konfessionelle Unterricht in Form von Unterrichtsblöcken in kirchlichen Räumen statt. So besteht die Möglichkeit, grosszügige Pausen einzuplanen und diese für ein gemeinsames Mahl zu nutzen, ein „Z'Nüni" oder „Z'Vieri".

In der Regel reichen bei einem dreistündigen Unterrichtsblock dafür fünfzehn bis zwanzig Minuten. Die Jugendlichen schätzen diese Pausen sehr. Es finden viele Gespräche statt, und auch ich als Katechet kann in einer ganz anderen Rolle mit den Jugendlichen Gemeinschaft pflegen. Die Pausen erhöhen auch die Aufmerksamkeit für den zweiten Unterrichtsteil.

An den Elternabenden verteile ich immer Postkarten mit dem Titel „Bereitschaft zur punktuellen Mitarbeit im Unterricht" an die Eltern. Sie können dann ganz nach ihren Möglichkeiten die Rubriken Kuchenbacken, Kochen, Begleitung von Ausflügen, Transporte etc. ausfüllen. So habe ich von jeder Klasse einen Stapel Absichtserklärungen und kann die Eltern rechtzeitig anfragen. Die Jugendlichen bringen die von ihren Eltern gebackenen Kuchen für die Pausen selbst zum Unterricht. Das gibt natürlich auch immer einen kräftigen Applaus für die Kuchenspenderin.

Die Verpflegung kann auch schon zu Beginn erfolgen. Oft findet der Unterricht zu Randzeiten, d. h. am früheren Abend statt. Die Schülerinnen und Schüler kommen dann mit leerem Magen zum Unterricht – dies ist für Konzentration und Befindlichkeit nicht förderlich. Mit einem schlichten Ritual kann dem entgegengewirkt werden. Die Schülerinnen und Schüler werden begrüsst, nachdem sie sich im Kreis gesetzt haben. Die Mitte des Kreises ist z. B. mit einer Kerze dekoriert, darum herum stehen ein Korb mit Brotscheiben und Gläser mit Wasser für alle bereit. Die Jugendlichen können sich verpflegen und in einem lockeren Rahmen „landen" und so gestärkt in den Unterrichtsabend einsteigen.

An Unterrichtswochenenden oder in Lagern ist das gemeinsame Essen ein wichtiger Bestandteil und stärkt den Gruppenzusammenhalt. Mir fällt aber auf, dass es da vermehrt um das Einüben einer Tischkultur geht. Das Warten auf alle ist nicht selbstverständlich: Das Essen beginnt aber erst, wenn alle da sind und auch erst nach einem gemeinsamen Gebet, Lied oder Input. Unsere Überflussgesellschaft ist im sorgfältigen Umgang mit Lebensmitteln nicht mehr geübt und gegenseitige Rücksicht und Anteilnahme am Tisch sind nicht mehr selbstverständlich. In solchen Situationen muss ich mehr erziehen, als mir lieb ist. Doch wenn ich Diakonie auch als Gastfreundschaft und Pflege der Tischgemeinschaft verstehe, dann sind Mahl-Zeiten im Unterricht eine urchristliche Aufgabe und ein wesentlicher Unterrichtsinhalt.

Allgemeine Literaturempfehlungen

Berger, Klaus: Manna, Mehl und Sauerteig. Korn und Brot im Alltag der frühen Christen. Stuttgart 1993.

Eigenmann, Urs / Hahne, Werner / Mennen, Claudia (Hrsg.): Agape Feiern. Grundlagen und Modelle. Luzern 2002.

Fuchs, Guido: Agape-Feiern in Gemeinde, Gruppe und Familie. Hinführung und Anregungen. Regensburg 1997.

Ders.: Mahlkultur. Tischgebet und Tischritual. Regensburg 1998.

Gottwald, Franz-Theo / Kolmer, Lothar (Hrsg.): Speiserituale. Essen, Trinken, Sakralität. Stuttgart 2005.

Jordahn, Bruno: Agape und Abendmahl, in: Kerygma und Melos. Festschrift für Christhard Mahrenholz. Kassel 1970, 26–39.

Josuttis, Manfred: Der Weg in das Leben. Eine Einführung in den Gottesdienst auf verhaltenswissenschaftlicher Grundlage. München 1991, 247–297.

Josuttis, Manfred / Martin, Gerhard Marcel (Hrsg.): Das heilige Essen. Kulturwissenschaftliche Beiträge zum Verständnis des Abendmahls. Stuttgart 1980.

Kugler, Georg: Gemeinsam das Brot brechen. Frühchristliche Mahlfeiern; Grundlagen und Modelle. München 1999.

Lindner, Herbert: Art. „Das Feierabendmahl", in: H.-Ch. Schmidt-Lauber / M. Meyer-Blanck / K.-H. Bieritz (Hrsg.): Handbuch der Liturgik, 3. Aufl. Göttingen 2003, 900–909.

Minnaard, Gerard: Vom Abendmahl zum Anti-Mammon-Programm. Biblische Geschichten und praktische Schritte. Wittingen 1997.

Riehm, Heinrich: Zur Wiederentdeckung der Agape. In: Jahrbuch für Liturgik und Hymnologie, 20. Jg. Kassel 1976, 144–149.

Schuller, Alexandra / Kleber, Juta Anna (Hrsg.): Verschlemmte Welt. Essen und Trinken historisch-anthropologisch. Göttingen 1994.

Schulz, Frieder: „Teilt das Brot". Ein neues Motiv in evangelischen Abendmahlstexten der Gegenwart, in: M. Klöckener / A. Join-Lambert (Hrsg.): Liturgia et Unitas. FS für Bruno Bürki. Freiburg 2001, 134–144.

Smend, Rudolf: Essen und Trinken – Ein Stück Weltlichkeit des Alten Testaments, in: Beiträge zur Alttestamentlichen Theologie. Festschrift für Walther Zimmerli. Göttingen 1977, 446–459.

Die Autorinnen und Autoren

Thomas Bornhauser, Dr. theol., ist Studienleiter im Tagungshaus Rügel in Seengen und Mitglied der Deutschschweizerischen Liturgiekommission.

Adrian Portmann, Dr. theol., ist Studienleiter am Forum für Zeitfragen in Basel.

Alfred Ehrensperger, Dr. theol., ist pensionierter Pfarrer in Nieder-uzwil und Mitglied der Deutschschweizerischen Liturgiekommission.

Tanja Sczuka ist Juristin in der Stabsstelle für Theologie und Recht der Evangelisch-Reformierten Landeskirche des Kantons Aargau.

David Plüss, Dr. theol., ist Assistenzprofessor für Praktische Theologie an der Universität Basel.

Norbert Kobler ist Pfarrer in der reformierten Kirchgemeinde Reinach-Leimbach.

Aline Kellenberger ist Pfarrerin in der reformierten Kirchgemeinde Glarus-Riedern.

Paul Bopp ist pensionierter Pfarrer in Seengen.

Andreas Wahlen ist Pfarrer in der reformierten Kirchgemeinde Oberentfelden.

Paul Jeremias ist Pastor des Evangelischen Gemeinschaftswerks in Biel.

Christoph Schluep ist Pastor der Evangelisch-Methodistischen Kirche in Zürich.

Thomas Gautschi ist diakonischer Mitarbeiter bei der Reformierten Landeskirche Aargau.